ダースレイダー
としての
プオッブ

武器
ビッ

幻冬舎

武器としてのヒップホップ

はじめに

さて、どう生きようか。

僕は33歳で脳梗塞で倒れ、左目の視力を失い、40歳でこのまま手を打たなければ5年の命と言われ、43歳でアシドーシスで集中治療室に運び込まれた。何度か死の瀬戸際を実感したが、どっこい生きている。

ヒップホップを通して人を、社会を、世界を見ることで生き延びる術を身につけてきた。今や完全なグローバルカルチャーでもあるヒップホップ。そうなった背景にはヒップホップが音楽のみならず、生き方、在り方を提示してきたことがある。産業革命以降、資本主義の価値観がグローバルに展開してきた人類の社会が飽和し、行き止まりが見えてきたタイミングで世界は COVID-19 によるパンデミックに巻き込まれた。

そもそも世界とはどうなっているのか？　この疑問を巡り人類の哲学は発展してきた。この本ではヒップホップを通じて、その一端を捉えることを試みている。世界とはFlow（流れ）であり、そこにBeat（リズム）という楔《くさび》を打ち込む。そのBeatがDJによりLoopされて（繰返されて）いくことで運ばれる先へと感覚が開かれていく。僕はラッパーとしてそこに言葉を乗せる。

ヒップホップは前提を問う。お前は誰だ？　お前は今、どこにいるんだ？　どこから来たのか？　どこへ行くのか？　こうした問いが世界のFlowを知覚させるのだ。

僕は世界を、社会を知るための武器としてのヒップホップを提案したい。僕が展開した考察が少しでも役に立てば幸いだ。僕はラッパーなので、この本の文章も僕の声、僕の話し声を想像しながら読むとわかりやすいとも思う。

contents

万物全ては流れであり、留まることはない。

Go With The Flow.

マイクを握るスタンス

世界はそもそもカオスだ。秩序は現れる一瞬の奇跡。MCは、そんなカオスを乗りこなし、立ち現れるグルーヴの尻尾を捕まえる

僕はヒップホップMCである。

ヒップホップの4大要素という言葉がある(もっとも4である理由は文化的背景によるものであり、場所が違えばこれは3〈日本は三景、三傑などが馴染む〉だったり、5〈陰陽五行など〉だったりもするのでさほど重要ではない)。DJing(レコード、音楽をDJとして聴かせる音楽表現)、MCing(言葉を使った呼びかけ、言語表現。ラップなど)、Breaking(ヒップホップの身体表現、踊り)、Graffiti(絵や文字を描く表現)だ。これらの要素を繋ぐ共通項がヒップホップの核の部分となる。時代時代によって表層に現れてくる形(音楽的にはトラップ、ブームバップなど)は異なるが源泉は一緒。DJがスタートさせたヒップホップ。

The MC

ＭＣはその横で彼のアクションを言語化し、聴衆に伝える役割を務めた。ＤＪがプレーするレコードについていかにそれがかっこいいかを語り、そのレコードを選曲するＤＪのセンスがいかに抜きんでているかを語る。リズミカルでウィットに富んだ語りそのものが表現として認知され、その後ラップミュージックへと発展していく。

では、そもそもＭＣとはなんであるか？

MICを**C**ONTROLし、**M**OVE THE **C**ROWDする**M**ASTER OF **C**EREMONY。

ＭＣの仕事とはなんであるか？　僕はその場をグルーヴさせることだと思っている。

その「場」とはなんであるか？　僕はカオスのなかに浮かんだ島のようなものだと思っている。

「カオスにグルーヴを」。これはアメリカファンクミュージックの代表格Ｐファンクの総帥ジョージ・クリントンの名言だ。

Mobilized Chaos、とでも言うべきか。頭文字がMCである。

世界はそもそもカオス、混沌であり、秩序はそこに現れる一瞬の奇跡のようなものだ。

MCとはそんなカオスを乗りこなし、予想不可能な、未規定な領域に踏み込み、そこに立ち現れるグルーヴの尻尾を捕まえる仕事だ。**前提をカオスに置いておけば、どんな混乱が起こったとしてもそれは驚きに値しない。**

むしろ、秩序を保って着地したときこそ驚くべきだ。

真面目な人は秩序を前提にものを考えてしまう。だから混乱と直面して慌ててしまう。

秩序を前提にするから進行表を正確になぞろうとしてしまう。

そのため、進行表と照らし合わせて間違えた、とかグダグダだ、などと突っ込まれてしまう。

これは逆なのだ。

混乱こそ当たり前、混沌こそわが墓碑銘（というのはキングクリムゾンの名曲だが）。

The MC

マイクを握るスタンス

僕はその感覚においてまだまだ未熟ではあるが、少なくとも前提をカオスに置いている。

例えば、毎年僕がＭＣを務めるＤＭＣジャパンファイナル。ターンテーブリストの世界大会にエントリーする日本代表を決める大会だ。ここでは最高峰のスキルを持つＤＪが集まり、国内トップの機材メーカースタッフが集結して各々の一年間の創造と努力の結晶を結実させる。

入念に準備された大会でも毎年必ず機材トラブルが起こる。ターンテーブル？ミキサー？　接続コード？　ＰＣ？　シークエンサー？　電源？　トラブルが起こるとすぐに機材班が駆け付ける。僕はこれをピットインと呼んでいるが……とにかく数分、あるいは10分以上も中断されることがある。大会に臨んでいるＤＪのテンションも保たなければいけない。彼らには最高のパフォーマンスで勝負してもらうことが大事だ。だからこそ、立ち現れた混乱を笑顔でグルーヴィに乗りこなす必要がある。

人は社会のなかにいて、秩序と安定のなかで日常生活を送っている。来年のスケジュールを決めれば、当然それはやってくるのだ、と思い込んでいる。だが、カオスこそ当たり前なのだ……というMindsetにControlし直す。これがMCだ。

よく何事もないような顔をして、と言われるが、むしろ、全てのことがある、という意識ModelにChangeさせるのだ。そんなカオスのなかをマイクで喋り倒していく。

2019年、あいちトリエンナーレのパブリックスピーチ・プロジェクトでMCを担当した。最大級のカオスが現出したあいちトリエンナーレの最終日。マイクを解放し、言いたいことがある人をどんどんステージに上げるのが役割だった。企画者の高山明氏からは右翼団体が来るかもしれないと告げられた。なんなら河村名古屋市長も7分間の座り込みに来るかもしれない。

ところが本番になると観客、酔客、学生、キュレーター、ボランティアスタッフ、韓国と中国と日本の女子三人組などが、次々とマイクを握っていった。表現の不自由展の展示中止からアーティストのボイコット、ギリギリでの全展示再開。表舞台で喋っていた人たちではない声が次々とマイクに放たれていく、そのMotionをCaptureする。感情が爆発し、魂が震える様を捉えるのもMCだ。

The MC

マイクを握るスタンス

その後の文化庁による補助金不交付への反対署名を提出する際にも、僕は文化庁前でマイクを握っていた。署名提出と官僚の応対をマイクで拾い、外のスピーカーから鳴らし、応答する。台本がないのに台本通りの喋り方をする文化庁の山口壮八氏。だが、その声が2台のスピーカーから虎ノ門の路上にダダ洩れしていくと、官僚が固執する秩序が混沌に飲み込まれていった。僕はそれをカフカの小説に見立て、ピエール瀧が出演していたことで補助金が不交付になった映画『宮本から君へ』を「僕から宮田（文化庁長官）へ」と逆流させた。**M**iyata を **C**riticize するのがMCの役割のときもある。

こうしたカオスを前提とした僕のスタンスは「門」である。門というスタンス、つまりは門構え。門からは出ていくことも出来るし、迎え入れることも出来る。門を作れば、あとはそこがカオスがグルーヴする入り口となり、その尻尾を捕まえることが出来るのだ。門はどの方向に向けても作れるし、その外側は未規定な領域であり、どこへなりとも繋がっていく。

トークイベントではズカズカと門に入ってくる人もいれば、こちらから迎えに出ていかなければ入ってこない人もいる。何かの訪れを待つこともある。誘い、誘われる関係性を繋ぐ門。能動と受動を繋ぐ門。入り口であり、出口である門。鳥居のようなイメージや凱旋門のようなイメージにもなる。**M**on を **C**reate する。それがＭＣだ。

そんなカオスをグルーヴさせてきた存在を最初に意識したのは、叫び続けるビートルズファンを前に表情一つ変えずに進行していたエド・サリヴァンかもしれない。今で言うと、ジミー・ファロンやデイヴィッド・レターマンとか？　アメリカのエンタメなんて台本ありき、全部演出じゃねえか！　という向きもあると思うけれど、あくまで前提をカオスに置いているかどうか、だと思う。前提をカオスに置いている場だからこそ、映画『キング・オブ・コメディ』のルパート・パプキンも登場出来たし、それを反転させた映画『ジョーカー』も説得力を持つ。ジョーカーなんて、Motivated Chaosというか、カオスこそが行動の動機付けになっているキャラ。どのような混乱でさえ笑って楽しむ究極のＭＣとも言えるが、ジョーカー論はまた別の機会にしよう。

日本においては、あらゆる混沌、混乱のただなかであろうと全くそれを当たり前に受け止めている稀有のＭＣがタモリだと思う。僕の片目の大先輩、キング・オブ・眼帯でもある。「笑っていいとも！」が連日放送されていたときの日本は、お昼休みのウキウキがカオスをベースにもたらされていた。ジャニーズだろうが噺家だろうがミュージシャンだろうが俳優だろうが素人だろうが犬だろうが……

The MC

マイクを握るスタンス

何を放り込んでも大丈夫だったのは、タモリという存在が完全にカオスを前提としていたからだと思う。ビートたけしや明石家さんま、笑福亭鶴瓶、上岡龍太郎といった、これまたカオスベースの達人たち、ランＤＭＣからリー・ペリーに至る向こう岸のようなエネルギーも全て余裕だった。全ては混ざり、混乱していく。FUSION TO CONFUSION。

僕は、そんな「いいとも」で最後にフリースタイルを披露したラッパーだったわけだが、即興でピースの綾部祐二をいじったラップに唯一旗を上げてくれたのもタモリだった。僕にとっては、フリースタイルもまた門構え。カオス前提の表現だ。

かつて日本の平日の昼間にぽっかりとカオスが顔を覗かせていたのだ。「いいとも」の終焉と日本社会の退屈さが極まっていったこととは無関係ではない、と思う。ちなみにタモリは成りすましの名手であり、秩序をタモつふりをする達人でもあるのが「ミュージックステーション」でわかる。一秒単位で決められた番組作りに、しかし、想定外のことが起こるのを最も当たり前に待ち受けているのもまたタモリであろう。タトゥーが本番に現れず、ミッシェルガンエレファントが急遽もう一曲演奏したときがあった。これは僕から見ればタモリというカオスの入り口がたまたま口を開いただけであり、ただのタモリ時間にすぎない。同じく日本の昼の顔を長年務めてきた黒柳徹子も成りすましの達人だと思うが、誰か論考してほしいところだ。

世界で今、加速している排除と分断は、秩序への要求でもある。神経質に安定を求め、ひたすら異物を排除していく。同じ考え方、同じ型の「人間」で集まれば固定化は進み、秩序が暴走する。完全に内側に閉じこもった社会が完成すれば、そこからは一切のカオスを「なかったことに出来る」。見たいものしか見ない、というのはインターネットの最大の特徴でもある。日本が向かっているのはこうした社会なのではないか？　「いいとも」の終焉はそんな日本社会に開いていたカオスの風穴を閉じるものだったかもしれない。カオスを前提とするＭＣが存在出来ないような社会の完成。

だが同時にこうも言える。大友克洋が描いた『AKIRA』の覚醒は２０２０年に設定されていた。閉じ切った社会のバックラッシュが始まり、カオスが顔を覗かせたとき、それを乗りこなす術を持っているのはヒップホップのＭＣではないだろうか？　僕は１９７７年生まれ、『AKIRA』の登場人物である「大佐」と同い年だ。あのような貫禄は出せないがカオスを見届ける心構えは出来ている。

May the Chaos rule again。本書では僕がヒップホップを通して得られた気づきや考察をまとめている。フリースタイル・ラップの感覚と同じく、僕のもとにやってきたさまざまな考えやイメージをヒップホップビートに乗せていく感覚で書いている。いわゆるヒップホップの歴史本、How to本とは異なり、ヒップホップに基づく「My Philosophy」である。ただ、僕は冗談ではなく（Ain't no joke）、**今後、閉じきってしまう社会の隙間をつく思考法、あるいは沈没した社会の瓦礫を掻い潜る生き方の鍵はヒップホップにある**と思っている。これを読んだみなさんにも幾ばくかのヒントを与えられればと思う。まずはビートに身を任せて……Bring the beat!

歴史を変える出来事は、当たり前の日常にこそ潜んでいる。ヒップホップの歴史は、妹の制服代のための手作りパーティーから始まった

1973年8月11日、ブロンクスのDJクール・ハークと妹シンディーが、シンディーの学校の制服を購入する資金を作るために手作りで準備したパーティー、Back to school jam が開催された。**この日がヒップホップの誕生日**と言われている。

クライヴ・キャンベルことDJクール・ハークはジャマイカ系移民の息子だ。その体格から学校でヘラクレスと呼ばれていたのをうけて、自分で略称のハークを名乗っていた。父親が持っていた巨大なサウンドシステムを住んでいたアパートの地下の娯楽室に持ち込み、女25セント男50セントの入場料を設定した。地元のキッズが集まるなか、ハークは彼らが好みそうな曲、ラジオではかからないよ

Break

うな荒々しいファンクの楽曲をプレーした。特にドラムが強調された部分で客は盛り上がった。ハークはこうした部分を〝Get-down part〟（ゲットダウン・パート。のちにヒップホップ創世記を扱ったNetflixオリジナルドラマのタイトル「ゲットダウン」にもなる）、あるいは〝Break〟（ブレイク）と呼んだ。

パーティーはすぐに評判を呼び、人が集まるようになったので、ハークは場所を近くの公園に移した。巨漢ハークが仕切るパーティーは安全で、巨大なサウンドシステムで音も爆音、そして何よりもたくさんのブレイクがかかることが好まれた。ブレイクで盛り上がり、踊り出す連中のことをハークは〝B・ボーイ〟と呼んだ。ただ、大体の曲におけるブレイク部分は短く、ときには数秒しかなかった。ハークは矢継ぎ早にブレイクが入っているレコードをかけたり、あるいはレコードを止めて、またブレイクの部分をかけ直したりしていたが、せっかくのグルーヴが途切れることにフラストレーションを抱えていた。

もし、このブレイク部分を止めずに延長出来たら？　ハークの頭に浮かんだこの問いが音楽の革命に繋がる。

ハークにひらめきが訪れる。彼は同じレコードを2枚用意して2台のターンテーブルに並べた。一枚をかけてブレイク部分が終わりそうになったら、すぐにブレイクの頭部分に合わせてある2枚目に繋ぐ。こうして数秒のブレイク部分を延々とプレーすることが可能になった。ハークはこの技法を〝メリー・ゴー・ラウンド〟（同じブレイク部分が繰り返されることと回転するレコードから連想された言葉であろう）と名付けた。ブレイク部分はBreakbeats（ブレイクビーツ）と呼ばれるようになり、こうした部分を含む楽曲がＤＪたちに再評価されるようになる。ＤＪが曲をかけて紹介する存在から、ブレイクビーツを発見しそれを元に編曲する存在、クリエイターに変化した瞬間でもある。

ヒップホップがサンプリングでさまざまなレコードのブレイク部分を繰り返す楽曲制作手法（Loop〈ループ〉という）は、21世紀の今では世界中のポップスの常識だ。その入り口を開いたのはハークであり、それは彼の仕切る現場からの要請で生まれた。必要は発明の母である。

当時のアメリカの若者はラジオで音楽を聴いていたのでラジオＤＪの存在は大きい。ラジオＤＪは曲を紹介するときに小粋な一言を添える。ハークら若いＤＪたちも現場でこれを取り入れた。ところが、２枚のレコードを使ってブレイク部分を繰り返すようになるとレコードの操作に集中する必要が出てきた。

そこで曲を紹介したり、パーティーを盛り上げる役割はハークの友人、コーク・ラ・ロックが担当するようになる。彼はハークがプレーするブレイクの上で自由にマイクで客を煽った。マスター・オブ・セレモニー、MCの登場である。彼がブレイクのリズムに乗せて韻を踏みながら言葉を発していく。これがヒップホップにおけるラッパーの始まりだ。ちなみにコーク・ラ・ロックはサイドでMCをするだけではなく、マリファナも販売するというサイドビジネスで大稼ぎしていたという。

クール・ハークが妹の制服代を捻出するために主催したパーティーが世界で初のヒップホップ・パーティーとなり、フロアで熱狂する連中のためにドラムパートをエンドレスにする工夫がブレイクビーツを誕生させる。そして、**DJがブレイクビーツの演奏に集中したことからMCという役割が生じ、それがラップを生み出した。**こうした出来事の一つ一つがのちの世界の音楽史を塗り替えていくことになる。**当たり前の日常には常にその後の歴史に繋がる契機が潜んでいて、何気ない行動や思いつきが歴史を変える**ことにもなる。崇高な問いがあって、答えがある構造ではない。だからこそ、**日常で起こるさまざまな出来事に驚き、感動する構えが必要だ**と僕は思っている。

ビートがイメージを連れてくる。DJがレコードをスクラッチすれば音符に出来ない音が生まれる。扉が開く。カオスが顔を覗かせる

Bring the beat!

これは僕がヒップホップのイベントでDJにかける決め台詞で、MCバトル（3on3 MCバトルや高校生ラップ選手権、ニュースラップジャパンなど）や、DJバトル（DMCジャパンファイナルなど）で使ってきた試合開始の合図だ。

ビートを持ってこい！

クール・ハークによるブレイクビーツの発見。イメージとしては世界中にあるレコードから「可能性が爆発」し、新たな宇宙を形成する、まさにビッグバンの

Bring The Beat!

ような発見だ。曲のなかの1ヶ所を編集して引き伸ばす。この視点は、例えばギターフレーズを一つだけピックして繰り返す、3拍子の曲を一拍延長して4拍子に変える、歌の一部分だけを切り取って組み合わせる、曲の一部分を早回しして繰り返す……現在製作されている楽曲では当たり前に聞く手法は、ブレイクビーツの発見という爆発の副産物だ。

そもそもなぜビートで熱狂したのか？　彼らは何に興奮したのか？

ジェームズ・ブラウンのレコードでドラムスが強調されたときに何がやってきたのか？　開いたのは可能性の扉だ。リズムが鳴り響くことで彼らは誘《いざな》われた。扉の向こう側へ。世界の多くの祭りではリズム楽器が重要な役割を果たす。ずっと続くビートの渦が祭りを導いていく。どこへ？　日本だったら和太鼓が強烈に打ち鳴らされる。ニューオーリンズではセカンドラインのリズムが、ジャマイカでは、ナイジェリアでは……夜が訪れ闇が覆うなかをビートが鳴っている。祭りに参加する人々は変性意識に入り、トランスする。形式上はそこに神が訪れるのが祭りの主旨だろうが、訪れるのは「神」とされるものばかりではない。

永井豪『デビルマン』は現代の聖典だと僕は思っているが、ここで描かれるサバトの描写は祭りの効能そのものだ。やってくるのは「悪魔」だ。ビートが導く扉を開けば、神も悪魔もやってくる。カオスが開かれるのだ。これが本来的な祭りにおけるビートの役割であり、それは人間が根源的に知っている感覚でもあった。**ダンスフロアでカオスの扉が開かれることを人々は望んだ**のだ。

勝新太郎の言葉がある。芸事を評して、「**『間』がないのを間抜けというんだ。『間』があるからそこに『魔』が宿る**」。役者としての表現の肝は「間」であり、それは「魔」を呼び込むためなのだ。これもまたカオスの扉を開く行為を指している。トランスに導くビートというとけたたましいイメージがあるが、ビートとは拍を打つことである。拍を打つことにより空間が区切られる。そこに間壁、間が生まれるのだ。能や狂言における静寂と緊張のなかで打たれる鼓《つづみ》の音。これと祭りで響く和太鼓の音。どちらもそこに音を生み出すことで間を作る。そこに意識がいき、誘われることで向こうからさまざまなものがやってくる。

暗いクラブのダンスフロアでヒップホップのビートが鳴り響く。頭を振りながらそのビートに身を任せるとラッパーのライム（韻）が降ってくる。そのライムが次々とイメージを連れてくる。ヒップホップを体感する瞬間だ。これもビートが持つ「呼ぶ力」が発揮されているからだろう。ビートが扉を開いてイメージが

Bring The Beat!

“間”がないのは間抜けという

やってくる。ＤＪがレコードをスクラッチすることで音符に出来ない音が生まれ、これがまた扉を開いていく。

ハニー・ドリッパーズによる「インピーチ・ザ・プレジデント」という曲は、世界で最も好まれているブレイクビーツだ。１９７３年に発売され、当時のニクソン米大統領を弾劾せよ！　と歌う曲なのも興味深い（ニクソンはそれこそ法と秩序を訴え、カオスを自分の都合に合わせてシャットダウンしようと試みた政治家）。最初にキック（バスドラム）が打たれ、絶妙な「間」で鳴るハイハット（２枚合わせのシンバル）のあとにスネアが鳴り、続いてキックのあとに特徴的なクローズドハイハットがシャーっと鳴って、再びスネアドラムがトドメを刺す。このパターンのなかで、音が「有る」場所と「無い」場所、音が「強い」場所と「弱い」場所が作られる。このビートが繰り返されることで次々と「間」が生まれ、「魔」がやってくる扉が開かれているのが、ヒップホップの力の根源を表しているのではないか？

僕は「Bring the beat」と言い続けてきた。その結果、一時期オフィス北野に所属することになり、カオスの扉が開かれたかの如く目の前にビートたけしが立っていた。「ビートを寄越せ！」と言い続けたらビートたけしがやってきたのだ。

NHKがラップ番組を放送した。タイトルは「ヤングラップバトル～Bring the Beat!」だ。この企画に僕は一切関わっていないし、出演もしていないのだが、日本のヒップホップシーンで「Bring the beat」と言い続けてきたのは僕だけなので、これもまた、僕が「ビートを寄越せ!」と言って鳴り出したビートが導いてくれた扉が開き、やってきたものだと思っている。

カオスに善悪はないし、所有も何もない。 だからカオスなのだ。今日もダンスフロアではビートが鳴り、そしてどこかでカオスが顔を覗かせるだろう。いつだってそんな瞬間を待ちながら僕はマイクを握って何かの訪れを待っているのだ。

Bring The Beat!

"間"がないのは間抜けという

DJは1950年の曲から今の曲へ繋げ、ラッパーは1970年のサンプルの上で今を歌う。古きものは常に新しきものを生み、時間と体験が受け継がれていく

ブレイクビーツの発見により、多くのDJたちは古いレコードを聞き直し、そこに新しくブレイクビーツとしての価値を見出していく。あまり省みられなかった、**ヒットしなかった曲にかっこいいドラムが入っていることがわかると、その曲はブレイクビーツとしてダンスフロアで復権した**のだ。DJたちがレコードを探すのは親のレコード棚だけではない。レコード店だ。ダン・カルナスによる『THE BIG PAYBACK』から印象的なエピソードを意訳して紹介する。

〝ニューヨーク、マンハッタンにはダウンステアアズ・レコーズというレコード店があった。オーナーのニック・ディクレティーヴォはもともとソウルやドゥーワップが好きで古い45回転の7インチレコードを店に置き、ターンテーブルで客に

Old to The New

試聴させていた。ニックは1977年ごろから客の変化に気づく。若い黒人やラテン系の客が古い7インチを2枚ずつ大量に買っていく。年代もさまざま、ジャンルもソウルやファンクに限らず、ロックンロールからハードロックにまで及んだ。

同じくタイムズスクウェアでミュージック・ファクトリーというレコード店を営むスタンリー・プラッツアーも客の変化に気づき、ブレイクビーツのリストを作成するようになった。街のレコード店でブレイクビーツが売れていたのだ。

運送業で生計を立てていたレニー・ロバーツは、こうしたブレイクビーツをひたすら集めていた。ニックやスタンリーの店に通い、特定のレコードを買い、シングル盤がないときはアルバムで購入する。そしてついには入手が困難なレコードは自ら海賊盤を作成し、逆に店に卸すようになる。彼はのちに「Ultimate Breaks & Beats」シリーズとして、集めたブレイクビーツの海賊盤コンピレーションをリリース、これが世界中でブレイクビーツの教科書として使われるようになった。

ポール・ウィンリーという音楽プロデューサーもまたレコード店でブレイクビーツが売れていることに気づき、自ら人気の曲を集めた海賊盤コンピレーション「SUPER DISCO BRAKE'S」を発表しヒットさせている。こうしたコンピは海賊盤なので権利関係は当然クリアされていないのだが、海賊盤こそが文化を発展させる起爆剤となったのだ。〟

DJたち、そしてこうしたコンピの存在により、古い曲は新しいブレイクビーツとして世界中に再び広がっていく。どんなに昔のレコードだろうとこれからそれに出会う若者にとっては新しいのだ、という時系列の組み替えがブレイクビーツによって行われている。

シルヴィア・ロビンソンがヒットさせた「Rapper's Delight」は、こうしたブレイクビーツがプレーされる現場から着想は得ていたが、レコーディングにはバンドを使っていて厳密な意味での現場の再現にはなっていない（このとき、シルヴィアのシュガーヒル・レコーズの楽曲で演奏を担当していたバンドは、のちにタックヘッドを結成し、音楽業界で重要な役割を演じていく。タモリの楽曲をリミックスした「Tamori's Dream」も発表しているのでタモリというカオスとヒップホップを繋げてもいる）。

バンド形態はドラムマシーンによる打ち込みへと変化していくが、クラブなどの現場ではＤＪがプレーするレコードの上でラップが行われていた。ランＤＭＣはこれをそのままレコードにした楽曲を発表して世界的なヒットを出している。エアロスミスの曲の上でラップした「Walk This Way」は、ランＤＭＣのみならず当時低迷していたエアロスミスの人気も復活させ、彼らのその後のスーパーグループとしての歴史の一歩目になっている。

Old to The New

ヒップホップが時系列を動かした

マーリー・マールがサンプラー（サンプリングの装置）でレコードをサンプルする音楽制作を紹介し、サンプリングが広まることでさらにさまざまな年代、さまざまなジャンルのレコードが新たな楽曲の要素として生まれ変わっていくことになった。こうした事態は著作権の観点からも予想されていなかったため、80年代末はそれこそあらゆるレコードが新たなサンプリングの素材として活用され、数々の名作を誕生させている。

デ・ラ・ソウルの「3 Feet High and Rising」はこの時代を代表する傑作で、隅から隅までサンプリングが起こすマジックで覆われている。**レコードの発表年代、あるいはかつて分類されていたジャンルを新しい価値観のもとで組み直して発表する。これも時系列の組み替えであり、こうした発明はその後のポップミュージック全体の潮流を変え、さらに時代を更新していく。**

もっとも許可を得ることなくサンプリングで作られた楽曲がヒットすることで当然権利関係の訴訟も相次ぐことになり、権利ビジネスも横行し、豊富な予算を持たないとサンプリングを駆使した楽曲作りは難しくなっていく。ドラムマシーンによる楽曲制作はシンセサイザーやＰＣソフトの打ち込みへと進化し、トレンドは打ち込みとサンプリングを行ったり来たり、融合したりしながら進化していく。

僕が大事だと思うのは、ブレイクビーツやサンプリングが広まったきっかけが権利関係はお構いなしで違法な形態だったことだ。**物事が新しく生まれる瞬間は、常に旧来の法やルールとは無関係な形で訪れる。**これによって法やルールには外側があることに気づくし、法やルールは常に〝古い〟という時系列が身につく。**逆に言えば、法やルールに完全に従うことは〝古い〟時間にとらわれてしまうことを意味する。**法やルールにより一定の人が納得いくような調整（権利処理なども）をし、社会というシステムの安定を図るが、その安定には常に外側があることをヒップホップの歴史が教えてくれるのだ。

もう一つ大事なのは、さまざまな年代のレコードが再生され続ける状況だ。アナログレコードは、耐久性が高いメディアだ。そこに保存されているのは、音だけではない。レコーディングされた時代の質感、空気、機材による効果といった体験そのものがある。レコードがブレイクビーツとしてプレーされたり、サンプルの素材として使用されることでこうした体験が新たな表現のなかに生きる。**DJは1950年に作られた曲から2021年の曲へと繋げることが出来るし、ラッパーは1970年のサンプルの上で、今起きていることを歌うことが出来る。**

ドラムマシーンやシンセサイザーによる打ち込みも同様だ。当時最新の機材として使われていたものが時代を経て新しいものへと変わる過程で、１９８０年代

Old to The New

ヒップホップが時系列を動かした

に活躍したドラムマシーンには当時の音、そして先述したような体験もまたパッケージングされているという価値が再発見される。サンプリングに使用されたサンプラーも、初期の粗いビット数ならではの独特の音が再評価される。

古きものが常に新しきものを生み出すのと同時に、そのなかにこれまでの時間や体験が受け継がれていく。時系列を動かし、組み替える視点がヒップホップによって持ち込まれた意味は非常に大きい。

繰り返すたびに強くなり、新しくなる

ループは振り出しに戻るのではない。次のループはさらに太く、さらに強くなる。次のループこそがチャンスであり、入り口であり、出口だ

ＤＪクール・ハークがブレイクビーツを発見してから、ヒップホップの現場では音楽がループしていくようになる。

ループとは繰り返しだ。ＤＪたちはそれぞれ秘蔵のレコードのなかのドラムブレイクをフロアに投下し、延々とループさせて人々を踊らせた。そして誰も知らない新たなブレイクビーツを古今東西のレコードから探す旅に出る。アフリカ・バンバータの曲「ルッキング・フォー・ザ・パーフェクト・ビーツ」はまさにそんなＤＪたちの在り方がテーマだ。パーフェクト・ビーツ、究極のビートとは何か？

ループするたびにＤＪは、レコードのスクラッチを入れる。ＤＪが作るループ

Loop

の上にMCたちが言葉を乗せていく。さまざまな要素が新たなリズムを生み出していく。僕はこれを「ループが強化されていく過程」と考える。

ループされるたびにダンスフロアでは新たなステップが踏まれ、MCのマイクからは新たな言葉が発せられる。同じブレイクビーツが繰り返されるが、それは決して〝同じ〟ではなく、1拍目、大抵はキック（バスドラム）の音が鳴り響くたびに新しくなり、2回目、3回目と繰り返されるたびにそれは強くなる。

ループされた回数がわからなくなるほど繰り返されるうちに、そのブレイクビーツと身体が同化し、言葉のイメージも同化し、空間とも同化して大きなアメーバ状の何かになっていく感覚が生まれる。ループに身を委ねると一気に快感が全身を伝わり、自分という小さな殻から抜け出していくような変性意識に入る。変性意識状態では、個であり個ではないそれぞれが、思い思いにブレイクビーツに対して反応していく。個にして全、全にして個。ダンスフロアは多幸感に包まれるだろう。こうした瞬間への入り口となるビートをDJたちは探し続けているのだ。


DJによる人力のループは、サンプラーとシークエンサー（音源を自動演奏させる装置）の導入により、サンプルループとして音楽制作の場面にも広がっていく。サンプルとはレコードなどの音の一部をサンプラーという機材に取り込むことで、初期の機材では数秒のサンプルしか出来なかった。マーリー・マールはその数秒を有効活用するため、レコードのドラム部分を細かくキック、スネア、ハイハットと分けて取り込み、それを打ち込み直すことを発明した。27pでも紹介したハニー・ドリッパーズの「インピーチ・ザ・プレジデント」の冒頭のドラムパートを使い、個々の音を使って新たなドラムパターンを演奏したのだ。この発明によりさまざまなレコードはサンプルの素材としての可能性も広がり、ヒップホップの音楽面での革新性は新たな局面を迎える。

だがマーリー・マールは、「ループ感」自体は維持した曲作りをしている。新しく生み出したドラムパターンもまた、繰り返し繰り返し鳴らされるのだ。マーリー・マールに続く多くのビートメイカーたちは、今度は新しいループを探す旅に出る。**ずらりと並んだレコードがどんどん細かく切り刻まれ、そしてそれぞれが新たな姿になり、ループを始める。一つ一つのループは個にして全なる境地への鍵であり、ループの向こう側にはそんな世界が広がっている。**

仏教では輪廻という考え方がある。人は煩悩がある限り、輪廻、生まれ変わりのループのなかを巡ることになる。煩悩を断ち切ることで悟りの境地に入り、輪廻から抜け出し入滅、つまり完全に消滅することになる。逆に言えば、ループし

Loop

繰り返すたびに強くなり、新しくなる

続けるためのエネルギーこそが煩悩だ。仏教のなかでは断ち切るべきものとして考えられる煩悩だが、僕はそこに生きるというリアリティを感じる。**生きてやる、生き抜いてやる、という飽くなき欲望。それが生命を稼働し、過剰にし、次なるループへと繋げる。**

ヒップホップの歌詞には、金、車、異性、セックス、ドラッグといったモチーフが繰り返し登場する。こうした欲望丸出しの自慢話はしばしば批判の対象にもなるが、これこそがループするためのエネルギーだ。**ループは振り出しに戻るのではなく、次のループはさらに太く、さらに強くなる。次のループこそがチャンスであり、入り口であり、出口なのだ。**究極のビートによって開かれた先は個にして全、つまり在にして滅でもある。

ヒップホップはビートをループさせ、ギラギラした生命力でそれを続け、結果として仏教の入滅と同じ世界観に繋がっていく。だから、今日も世界中のＤＪたちは究極のビートを探し求めているのだ。

B・ボーイ、B・ガールたちの踊りは闘争。永続するリズムに導かれて、新たな虹の橋の向こうを志向するダンス

映画『フラッシュダンス』（1983年）に唐突に登場する印象的なシーンがある。ジミー・キャスター・バンチの「It's Just Begun」が流れ、主人公が歩いている道の中央で少年が踊りながらポーズを決めると次々とダンサーが現れる。いつしか輪が生まれ、驚きと喜びの表情を浮かべる人たちの前で素晴らしいダンスが披露されていく。踊っていたのはロックステディークルーの面々。ミスター・フリーズが傘を持ちながらのちにムーンウォークとして知られる動きを見せ、クレイジー・レッグスが路上を全身で回転する。映画のなかの物語を突き抜けた「何かの始まり」を予感させるシーンだ。

ヒップホップはパーティーとともに始まり、ブレイクビーツが鳴り響いた。そ

Break Dance Rocks The Planet

の場にいるのは、若者の〝身体〟だ。メロディではなく、リズム、ビートそのものに身体で反応していく。ダンスフロアに飛び出してすぐにその反応を披露した若者たちは、B（ブレイク）・ボーイ、B（ブレイク）・ガールと呼ばれた。彼らが最も直接的にその場で起こっていることを全身で表現した。

「ブレイクする」とは、1970年代ブロンクスのスラングで「興奮する」、つまり「枠を超える（破壊＝ブレイクする）」という意味だ。ヒップホップというエネルギーの爆発が枠を超えていく様を全身で捉え、ダンスフロアでそれをさらに拡散させる。ブレイクビーツという〝新しい音〟には、〝新しい動き〟でしか呼応出来ない。ブルーズでもジャズでもロックンロールでも、その誕生のエネルギーを端的に表していたのはダンスだ。曲ごとに個性的なダンスが生まれていった。

ブレイクビーツはさらに曲という枠を超え、リズムが繰り返し再生産されていく。曲ごとに収斂《しゅうれん》していくのではなく、永続する〝流れ〟が生まれる。その流れを捉える身体表現として生まれたのが、B・ボーイ、B・ガールたちのブレイク・ダンスだ。リズムに合わせて動くポッピングやロッキング、全身で回転するウィンドミル、頭で回転するヘッドスピン、突如リズムに合わせて動きを止めるフリーズ。**ブレイク・ダンスは、〝流れ〟を表現するダンスだと僕は考えている。**

そして、**世界はそもそも流れから出来ている、Flow（フロウ）しているという前提に立てば、世界を身体で表現する試み**でもある。

ブレイク・ダンスの源流には、さまざまな要素があり、カンフー映画の影響も大きいという。アップロックというダンスは、ブレイク・ダンスの源流の一つであり、二人のダンサーが対決姿勢を取りながら互いのファイティングポーズを真似していく。ポイントは〝闘争〟だ。クレイジー・レッグスは、「パーティーってのはバトルという意味で、パーティーがある場所では必ずダンスバトルが起きていた」と言っている。**ブレイク・ダンスは、常在戦場だったのだ。**

ここで言うバトルには当然、自分が誰よりも優れている、というスキル面での競争も含まれるが、カンフーやアップロックの影響を受けたファイティングポーズ、闘争の姿勢が大事だ。**〝流れ〟を体現しているブレイクダンサーたちが常に闘争している状況。ここに僕は、人間の原初的な生き方を感じる。**狩猟採集民だったころの人類は、部族ごとに移動しながら生活していた。そして対立する部族とは文字通りの殺し合いを続けていた。

こうした過剰な生き方の一端は、映画『セデック・バレ』で見ることが出来る。台湾の蕃族を描いたこの作品では、前半は台湾の山岳民族同士による殺し合いが描かれる。互いの首を切り落とすのだが、そうした闘争を経ることで互いに虹の

Break Dance Rocks The Planet

世界の流れの身体化

橋を渡り、楽園へと導かれていく。流れは激流であり、奔流はぶつかり、混ざってまた新たな流れを生む。台湾の山岳民は文字通りこうした世界の在り方を体現する生き方をしている。映画の後半では彼らが日本軍の支配下に置かれ、かつての生き方を捨てさせられるという形でシステムに飲み込まれる様が描かれる。激流は整備され、計算可能な流れに組み込まれていく。その反発から彼らは霧社事件と呼ばれる反乱を起こすに至る。

世界を資本主義が飲み込み、システムに組み込まれ始める1970年代のニューヨーク、ブロンクスで誕生したヒップホップとは、計算不可能なエネルギー、世界がそもそも持っている激流としての性格が噴き出したものだと思えば、それを体現するB・ボーイ、B・ガールたちが常在戦場の精神で闘争している意味に気づく。彼らの踊りはブレイクビーツという永続するリズムに導かれて、新たな虹の橋の向こうを志向するダンスなのだ。

「グラフィティ・ロック」というテレビ番組が1984年に制作された。パイロット版のみで終わってしまうが、この番組の冒頭で司会のマイケル・ホールマンは彼がマネジメントするダンスクルー、ニューヨークシティーブレイカーズを紹介する。全身赤いコスチュームで次々とブレイク・ダンスを披露するなか、異彩を放つ男が登場する。ミスター・ウェーブという名前の男は、痙攣《けいれん》するような動きで身体をくねらせながらタコのように自身を折り畳み、およそ人間の身体の可能性を無視したようなダンスを見せる。僕は初めて見たとき、あまりに衝撃を受けたため、彼のダンスの部分だけ繰り返し見るようになった。今でも最も好きなダンサーだ。彼の名前はWave、つまり波であり、文字通り〝流れ〟そのものを名乗っている。彼はたしかにその場のリズムに合わせて身体を動かしているのだが、同時に世界を、世界の流れを表現していた。彼の身体を通して世界に一瞬触れられたような感覚が味わえる稀有なパフォーマーだ。

ブレイク・ダンスが誕生してから50年が経つ今、当初新しいエネルギーの爆発を捉えるためにB・ボーイ、B・ガールたちが反応して出来た動きには名前がつけられ、「型」に収まっている。世界中にブレイク・ダンスを踊るダンサーが溢れ、「型」を身につけ披露している。その「型」がそもそも何を表していたのか？それがどれだけ継承されているかは不明だ。「型」は意味を知らずとも修練で身につけられる。だが同時に、**「型」にはもともと表現していたものを呼び込む器としての可能性は常にある。ブレイクビーツの反復の先に、型にまた世界が流れ込んでくる。**ミスター・ウェーブの動きを思い起こすたびに、そんな流れの可能性を夢想し、ワクワクする。

Break Dance Rocks The Planet

世界の流れの身体化

全 て は 流 れ で あ る

僕らは結局はただの流れ。
それぞれに違うけれど、大きな変わりはない。
大きな視点で見て、細かいことにとらわれない、
小さな視点で見て、実は違うことを知る。
流れ、を認識するとはこういうことだ

全ては「流れ = Flow（フロウ）」である。

ラップにおけるフロウ、それは一定のリズムのなかでどうやって言葉を流すか？　イメージを流すか？　ライム（韻）を踏むことで流れに変化を起こし、意味を拡張し、意識を覚醒し、意志を確定していく。言葉を能動的にフロウさせていたはずが、気づけば Go with the Flow、つまりフロウに導かれていく。**言葉を流し、言葉に流されていくことでラップという表現は完成していく。優れたラップ表現は、ブレイクビーツという永続するリズムの上で次々と流れを生み出し、飛沫を飛ばし、ぶつかり、混ざり、別れていく。**

Go With The Flow

その都度都度にイメージが湧き起こり、聞き手もまたその流れに飲み込まれていく。

ラッパーがフリースタイルを延々と続けることが出来る状態＝ZONE（ゾーン）に入ったとき、そのラッパーを囲む輪（サイファー）は同じ流れに乗る。そして、Go with the Flow、流れに導かれていく。

万物全ては流れていて留まることはない。

それが僕の感じている世界だ。

例えば、燃え盛る炎を見てみるとよい。それはバッと燃え上がった瞬間から消えて灰になるまで一貫して「炎」だと認識出来るが、同時に一瞬たりとも同じ姿はしていない。

川を流れる水もまた同様だ。

人は自分のことは「変わらない」と認識しがちだ。変わらない、だからいつでも元に戻れる。直す、治すことが出来る、と。

実際は生まれてから毎秒成長を繰り返し、そして老衰していく過程でも常に新陳代謝は行われ、体内を血液が流れ、細胞がうごめいている。**人もまた流れている。流れ、である。**

病気や怪我を抱えた人は、なんとなく「回復」「復帰」「以前と変わらない」状態を目指してしまう。でも、**そもそも病気をしていなくても人は常に元になど戻れない。**

病気は、むしろ、人がそうやって流れていくことを教えてくれるきっかけにすぎない。川の分岐点のようなものだ。そこから先は激流になるし、滝もあるかもしれない。病気や怪我はそうした、流れを変える存在にすぎない。

流れが止まったとき。それは生物として、あるいは物質としても死だ。

ただ厳密には、それでも流れの余波は周囲に伝わる。感情的な周りの人への影響もそうだし、煙として空に吐き出されていったときに周りの空気に与える影響だってそうだ。また、ウツ症状では流れが止まっていると感じてしまうときもある。溜まってしまっていると感じる。でもこのときも世界は流れていると知るのはひとつのヒントになるだろう。

世界は一瞬一瞬になんらかの形を示し続けながらも、変化して流れていく。僕らはそんな大いなるぐにゃっとした不定形の流れのなかに、自らもまた流れとして存在している。僕はこれをエナジーフロウというイメージで捉えている。

視点を大きく取ればビッグバン以来、宇宙は加速度的に「流れて」いる。時間の矢印とともに拡張を続けている宇宙のなかで〝留まっている〟ものは存在しな

Go With The Flow

全ては流れである

い。Go with the Flow、僕らはこの流れに導かれている小さな存在だ。

病気や怪我、障害を抱えてしまった人は苦悩する。僕も脳梗塞で倒れ、片目の視野が欠損し、内臓の機能不全が起きたときには苦悩した。

もう元には戻れないのだろうか？ 治らないのだろうか？

風邪のように、症状が治まるものもある。骨折してもまた骨が繋がることはある。でも、実は軽い風邪であっても、それは治って元に戻ったのではない。風邪を引いたあとの自分になっているのだ。そう考えたときにふっと苦悩から解放される気分を味わえた。


立川談志が「苦労をしないと人になり損ねる」と語っていた。これは通過儀礼の話だ。

海辺の村で子供が沖に浮かぶ島まで泳いで帰ってくる。森の村で子供が一晩を森で過ごして帰ってくる。山の村で子供が頂上を目指し帰ってくる。

通過儀礼のパターンはさまざまにある。帰ってくる、というが、帰ってきたときにその子供は成長し、人になっている。これが通過儀礼の意味だ。あえて、流れに分岐点を作り、そして激流を起こす。獅子が我が子を千尋の谷に落とす。よく知られた話だが、つまり、通過儀礼は危険でなければいけない。非日常であり、どこに行ってしまうかわからない体験を経て、帰ってくる。だから、途中で命を落とす場合も織り込み済みだ。**帰ってくる、のは元に戻るためではない。同じ場所が違ったものになっている。つまり、世界が流れであることを確認するために帰ってくるのである。**

これは気づきの話なので、何もしなくても実は僕たちは流れている。究極的に何もしなければ、それこそ即身仏になれるわけだ。

大事なのは、世界を認識する機会を得ることだ。

だから、僕は積極的に自分の病気を話し、派手な眼帯を身につけて片目の視力がないことを示す。日々の体調もカミングアウトして、日常を生きる。

何一つ悪いことはない。僕はただ、脳梗塞後の自分になっただけで、世界とともに流れているだけだから。

そう思うと、気になることが出てくる。

「病人らしくしろ」という同調圧力の存在だ。

休んでいなさい、という語りかけには当然優しさや同情の気持ちは込められていると思う。だが、バランスが変わると、無理するな！　という言葉は、ここに来るな！　というニュアンス、迷惑なんだよね、というニュアンスを含んでくる。

「病人らしく」弱っていればよいのに。家で寝ていればよいのに。病人にはこれは出来ない、するべきではない。もちろん、病人にはそれぞれの病気の症状があり、それは日々変化するので出来ないことだってたくさんある。でも、それは人それぞれで違う。同じ病気を抱えていても主観として感じるものは異なることも多い。

僕はヒップホップアーティストなので、こういう状況に抗する術を知っている。それはかつてニューヨークでマイノリティが、自分たちの遊び方、自分たちの生き方をアートとして、カルチャーとして育て上げて世界中の価値観を逆転させていった歴史から学んだものだ。

病人、という大きな主語でカテゴライズされ、枠にはめて考える思考を揺るがして、変化させる。

それがヒップホップを知るものの役割。

僕は「ド派手な病人」というコンセプトを考えつき、好きなようにライブを行い、好きな色の服を着て、髪をして、そして自らデザインした派手な眼帯を身につけて街に出る。

体調が悪い日もあるし、気分が優れない日もある。それこそが当たり前だ。

僕は、「みんな」という謎の主語が考える「病人」という大きな主語のイメージを突き動かして崩す役割を自らに課している。これは同調圧力に気づいた人の役割だからだ。

当然その先の地平には、地味で大人しかろうが、控えめだろうが、活発だろうが、その人そのものでただいればよい景色を見ている。なぜなら**僕らは全て、結局はただの流れであり、流れに身を任せているにすぎないからだ。それぞれに違い、それでも大きな変わりはない。流れ、とはそういうものだ。**

大きな視点で見て、細かいことにとらわれないように、そして小さな視点で見て、それぞれが実は違うことを知る。流れ、を認識するとはこういうことだと思う。病気はそこに気づくきっかけだ。

病院の検査では採血をする。僕は針をじっと見つめる。針は腕に刺さり、そこから血が流れ出る。自分の身体が流れであることを簡単にわかる機会だ。

病気や怪我という通過儀礼を経て、病気後の自分に、怪我後の自分になったと意識している人たちはこの流れを乗りこなしている。

２０１０年に脳梗塞で入院し、２０１９年に今度はアシドーシスが悪化して緊急搬送された。

なかなかの激流体験をしたけれど、果たしてこの流れがどこに向かっているのか？

そのときが来たら、そのときだ。でも、流れているうちは、派手に病人でいてやろうと思う。
Go with the Flow、流れに導かれるままに。

ヒップホップは逆転現象。パワーの絶対値だけを自分のパワーにする。僕はdopeでillな病人、やばくてかっこいい！

2010年、僕は青山のクラブでMCをする準備のためにトイレに入った。すると世界がクルッと回った。これは文字通りそう感じたのだ。天井と床が真っ逆さまになって元に戻り、僕は未体験ゾーンに到達する。

目眩と激しい吐き気。明らかな異常事態に僕は自分だけでは対処出来ないと判断し、トイレから転がり出た。もはや歩くことも出来なかったので横になって勢いをつけてゴロゴロッとトイレから飛び出した。盛り上がっているダンスフロアに突如僕が転がり込んだことでみなは驚き、僕が泡を吹いているのを確認して何人かでクラブの外まで運び出してくれた。

意識はあったし周りの会話も聞こえたが、僕から話しかけても伝わらなかった。ただ口を動かして泡を吹いていただけだったようだ。ちょうどそのタイミン

Illmatic

グでイベントの出演者が車で到着したのでそのまま乗せてもらい病院へ。救急車よりも速い、という珍しいパターンだ。到着後、僕は気を失った。僕は酒を飲んでいないので急性アルコール中毒ではない。これは？　と病院が検査した結果、脳梗塞が判明した。

こうして僕は〝病人〟になった。

僕の病院体験については『ダースレイダー自伝　NO拘束』という本で書いているのでそちらを参照してほしい。ここでは僕の精神、構えの在り方を考えたいと思う。ニューヨークのクイーンズを拠点とするラッパー、ナズは1994年にアルバム「illmatic」を発表している。これはヒップホップ史に燦然と輝く名盤と言われている。illmatic（イルマティック）という言葉は造語で、同じくクイーンズのラッパー、トラジェディーが「The Rebel」という曲の歌詞でill（イル：病んでいる）なんてもんじゃない、illmaticさ（究極のill、ぶっ飛んでいる）という用法で使用している。**ヒップホップではよく言葉の意味を反転させて使う**。これは黒人文化における言語感覚だと思うが、言葉がただの箱であることをよく理解した用法だと思う。**言葉の箱に貼られたラベリングなんてのは逆さから読んでしまえ！**　という態度だ。

こうしてランDMCは「bad meaning good」とラップし、マイケル・ジャクソンは「I'm bad」と歌って社会における言葉の用法をひっくり返してきた。**薬物を表すdope（ドープ）、病んでいることを表すillも「かっこいい」「すごい」という意味が〝言葉の箱〟のなかにあらためて放り込まれた。ヒップホップにおいては褒め言葉として「あいつはdopeだ」とか「あの曲はillだ」という表現が使用されるようになる。**そして言葉が持つポジティヴな力が強化される。ナズの名盤「illmatic」によってill（病んでいる）は究極のかっこよさに直結する言葉になった。**僕が薬物（dope）に助けられる病人（ill）になったとき、自分の前提条件にこうしたヒップホップにおける逆転現象が組み込まれていたことが大きな支えになった**のだ。

「illmatic」の2曲目は「N.Y. State Of Mind」だ。ニューヨーク州的精神状態、state は「状態」、そして行政区域の「州」のダブルミーニングでもある。「illmatic」が言葉の逆転現象を成し遂げてくれたおかげで、僕の「病人」state of mind は安定していた。社会のなかでは忌むべき存在として扱われる病気、そして避けるべき状態とされる薬物を使用する状況もヒップホップを通せばかっこいいのだ。

病人として立ち向かわなければいけない難関は多いが、逆に言えばそれで十分だ。世間での言葉にまつわるイメージに余計な力を向ける余裕もないし、そもそも必要もない。**ネガティヴなイメージは逆転させて自分のパワーに変える。**

ビースティ・ボーイズのアルバムにも「ill communication」というものがある。僕は似たような病状の人と会ったとき、病状、血液検査の数値や使用している薬品、担当の医師について話す。これはファンキーなill communicationだ。映画『ジョーズ』のなかでフーパーとクイントがお互いにあちこちで負った傷を見せ合って仲良くなるシーンがあるが、これも典型的なill communication。こうした会話は、喰らったダメージがでかいほど笑いと共感と敬意を呼び、そのことによりダメージ自体が転化されてパワーになる。逆転現象だ。中年の同窓会は病気の話ばかり、というと暗くて後ろ向きだが、僕はいつだってill communicationをやる資格を手に入れた。

言葉の箱の中身を入れ替え、それを使って病気や怪我によるダメージをマインドの側面でプラスに転化していく。エネルギーが流れる。これはイメージの固定に逆らう動きであり、フロウ、流れのなかに身を置く感覚だ。病気、怪我、薬、入院などの言葉につきまとうネガティヴなイメージはイカリのように作用して流れを止めてしまう。それを振りほどき、リズムに乗ってフロウするのだ。

元に戻す必要もないし、悪いことでもない。**病みが持っている闇、そのパワーの絶対値だけを自分のパワーにしていく。僕はdopeでillな病人、やばくてかっこいい!**

ダースレイダー、「represent病人、病院、病気。歩き方から覚え直した場所、ここが僕のスタート地点。ようやくrepする地元を手に入れた

ナズの「illmatic」が病んでいる自分の意識を反転させるのに役立った。このアルバムには「Represent」という曲が収録されている。**ヒップホップにおいては自分がどこから来て、どこにいるのか? 現在の位置確認と、そこに至る経路、自分のバックボーンの表明が重視される。自分が何者であるかを自ら背負う態度だ。**その意味で地元をrep（represent：レペゼン）するラッパーが多い。representとは代表する、という意だが、自分及び、自分が背負っているものを自らが代表する、と言い換えられる。

ノトーリアス・B・I・Gならニューヨークはブルックリン、ケンドリック・ラマーならロサンゼルスはコンプトン、エミネムならデトロイト、アウトキャストならアトランタ。多くのラッパーが曲のなかで自身がどこをrep（レップ：代

Represent

表）しているかを歌ってきた。

僕は困惑していた。親の仕事でパリで生まれ、ロンドンで10歳まで過ごした。東京の杉並に戻ると公立校では、カリキュラムの違いから一つ下の学年になると言われ、三鷹の私立明星学園小学校に入学。中学からは練馬の私立武蔵。一年浪人して東大に入学するも3年ほどでフェイドアウトした。居場所を転々としてきた自分には各地に友人はいたが、地元がなかったのだ。

僕はどこから来たのか？　どこにいるのか？　杉並に住んでいたが地元の友人もいないし、活動する場所は渋谷、六本木、池袋、新宿、吉祥寺など都内のあちこちではあったがどこも地元ではない。仕方ないのでしばらくは杉並在住！　と言っていた。僕は根無草でrepする地元を持っていなかったのだ。

脳梗塞での入院は1ヶ月半。合併症で三半規管のバランスが崩れたせいで、3週間は荒波に飲まれ続けているような感覚だった。常に嘔吐用のバケツを抱えながら、寝ても起きても気持ち悪い。立つときは点滴スタンドを杖代わりにしてよろけながら2、3歩進むのがやっと。三半規管は両耳の後ろにあり、片方だけ使っている。

人間の身体はよく出来ていて、片方が損傷するとその機能を勝手にもう片方に移行するようになっている。この移行期間が3週間くらい。パソコンでデータのコピーをしているときのバーのようなイメージだ。現在32％とか表示されるやつだ。

そして驚くことに3週間経つと、嵐のなかにいた気持ち悪さがピタッと止まって、落ち着いた湖の上にいるような感覚に変わった。そこからやっと本格的なリハビリが始まった。

ところが、ここでもまた大きな壁にぶつかってしまう。看護師が3メートルほど離れたところから、「ここまで歩いてください」と言ったので歩こうとすると……出来なかった。最初はそのまま前に倒れてしまう。あれ？　と思い、歩こうとするとずり足になってしまう。どうやってたっけ？　そう、僕は歩き方を忘れてしまっていた。片方の足を持ち上げ、下ろし、踵《かかと》を蹴って前に進む勢いでもう片方の足を前に持っていき……と歩くときの基本構造から学び直すことになった。

「今度はまっすぐ進んでからこっちに曲がってください」と看護師に指示され曲がろうとしたが、一時停止して身体全体の向きを変えないと曲がれない。僕はどうやって角を曲がっていたのか？

「階段を上ってください」と言われ頑張ってモモを持ち上げる。でも1段ずつ足を揃えてしまう。そうか、2段ずつ上がっていたっけ？　階段の上り方も忘れていた。そして3段上っただけで足が攣《つ》ってしまった。

僕は絶望的な気分になったが、周りを見てみると部屋のなかでは多くの人々がそれぞれに苦しい顔をしながらもリハビリに励んでいる。病室は4人部屋。記憶障害で毎日、新聞の日付を確認するリハビリをしている人、識字障害で文字の読み方が一部わからなくなっている人、みながそれぞれの症状と向き合いながら日々を生きていた。彼らの多くはそうした経験を発表する場を持たない。ところが僕はラッパー、言葉を使うのが仕事だ。僕は自分で経験をし、そして周りにいる人々の経験も見ている。

そう、僕は気づいた。やっと自分がrepresentする「地元」が出来たのだ。**歩き方から覚え直した場所、こここそが僕のスタート地点だ。今の僕はここから来たと言える。そして、地元には多くの苦しみや辛さを経験している〝仲間〟がいる。僕ならみなの声を少しでも代弁出来るんじゃないか？　僕の地元は病院。そして地元の仲間は病人たちだ。**

ダースレイダー、represent病人、病院、病気。つまりrepresent ill（病気、そしてかっこいい）。根無草だった僕は、ようやく自分のrepする地元を手に入れたのだ。

病院を地元だと考えると違う景色も見えてくる。僕の地元は日本で最も薬物に溢れている（そりゃそうだろう）。日々、重症者、重傷者、そして死人まで出ている。サイレン（救急車）の音も絶えない。白い巨塔のような権力構造も存在する。毎週、内科部長の大名行列もあった。ヒップホップ的クリシェに言い換えれば、ゲトータウン（スラム街）のようだ。

コロナ禍、日本における僕の〝地元〟は、注目を集めた。感染症対策、日本医師会、病床数、専門家委員会、保健所との関係などなど。さまざまな決定事項のプロセスの可視化は不十分で後世の感染症対策への不安を残している。ここに踏み込むと話は広がりすぎてしまうが、僕は自分の地元の出来事という目線で事態を見ているし、今後の活動にも影響するだろう。感染症を通じて、病人という存在をあらためて考える機会を多くの人が得たとも思う。

友人が入院したら地元へようこそと挨拶し、自分も毎月のように地元に戻っては調子どう？　と話してくる（「検査」「診察」とも言う）。地元の飯（病院食）は不味かったが、いろいろな意味で初心に戻らせてくれる。地元にいる仲間にとっては、地元の外で活躍する姿が少しでも励みになるだろう。

今日も僕はそんな地元を勝手に背負ってステージに上がる。

Represent、Represent!

Represent

自分は何者でどこにいるのか？

ラッパーがゾーンに入ると、世界が開かれる。言語の外と内の境目を、リズムによって行き来する存在になる

僕はラップを、言葉をリズミカルに演奏する行為だと定義している。そのために言葉の音を揃える韻を踏むことが重要になる。音が揃ったところにリズムが生まれる。英語では、ラップ詞そのものをライム（韻）と言うくらいだ。ラップするためには多くの言葉を知っていることが必要になるが、さらにその言葉を音と意味で整理することになる。スイスの言語学者であるソシュールによる概念「シニフィアン（意味するもの）」と「シニフィエ（意味されるもの）」に近いかもしれない。ラップは音声表現であるのも大前提だ。

音、つまり韻として言葉を並べるところに意味を連結させていく。あるいは、意味を伝える上で音を連続させていく。これをリズムに乗せて行うのがラップであり、ラッパーはそのために自分の記憶している言葉

Freestyle

を整理し直すのだ。

一定の日常会話とラップを隔てているのはこうした言葉の整理の仕方であり、その前提となるリズムだ。台本がなくても友人との会話は出来る。その際、次にどの言葉を発するか？　は意味のフォルダから選択されていく。ラップの場合、そこに音（韻）のフォルダもあるとイメージするのがよいだろう。こうした言葉の整理方法が導入されたことによって日本語自体のポテンシャルが上がったと言える。

ラップにおけるフリースタイルには、完全即興（TOP OF THE HEAD）と持ちネタを状況に応じて、アレンジを加えて披露する場合がある。ラッパー、MCにはその場で起こっていることを瞬時に掌握して言葉で表現することが求められる。状況（その場のリズム、空気、観衆の有無、ステージなのか路上なのか等々）次第で最適な言葉を出す点においては、完全即興も持ちネタのアレンジも同じだ。

レゲエには「ラバダブ」という文化があり、これは誰かが歌ったテーマに合致した持ちネタを次々と演者が披露していくもので、僕は〝フリースタイル・エンターテイメント〟の一つの到達点だと思っている。その場にいる人が全員テーマ設定を共有して、誰が一番盛り上げられるか（レゲエではボスる、などと言う）を競う。テーマは演者のパフォーマンス次第で次々に変化し、次の演者がそれを巧みに読み取っていく。これも即興だ。

完全即興はその場で言葉を組み合わせる。すでに出来ている持ちネタではなく、一から言葉を発してはそれをライミング（押韻）を通じて演奏する。これは物語になることもあれば、イメージの連鎖だったり、全くのナンセンスだったりするが……重要なのはそこにリズム／ビートがあることだ。一定のビートがその場に存在し、それが共有されている。

ビートはＤＪがプレーしたレコード、誰かが口で叩くヒューマンビートボックス、バンドの演奏、なんでもよい。表面上は音が鳴っていないアカペラでも、そこにリズムは存在し、それに乗っかってラップは行われる。ラップをそのビートと同期させるのがライム（韻）であり、ライム＝同じ音が揃った言葉がビートの上で連続で演奏されることで、言葉にリズムが与えられラップになっていく。

ポイントは、ここで説明されているラップの構造はあくまでリズムと音だけ、ということ。**「言葉はただの箱であり、問題は中身だ」**というのが僕の言葉の定義だ。**ライムにおいて音が揃うことが「同じ形の箱」という意味**になる。同じ形の箱であれば容易に積み重ねたり、並べられるというイメージが持てると思う。こうした**同形状の箱がリズムの上に次々と積み重なったり、並んでいくのが僕のラップの立体的なイメージ**である。先述したシニフィアンが同じ形の箱、そしてシニフィエは同じ（似たような）中身というイメージだ。「世界」という言葉を考えてみよう。「え・あ・い」という母音で構成されていて、これが箱の形状を意味する。同じ形の箱には「出たい」「得体」「狭い」「目眩」「偉い」「ジェダイ」などがすぐ考えられる。一定のリズムのビートの上でこうした箱を並べていく。「俺は**狭い世界**から外側に**出たい**、**得体**の知れぬカオス起こす**目眩**、**偉い**やつさ　まるで**ジェダイ**、余裕**で対**応、器が**でかい**」……これで十分にラップになる。それぞれの箱（言葉）がリズムに乗って連結していくことで意味やイメージが生じる。どうやらある人間の願望、そしてその願望を余裕で叶えている人物が浮かび上がってくる。ちなみに上の箱の並びのなかには単語のみならず、余裕で対応～の「で対」の部分が同じ箱になっていて、ここでもリズムが生まれている。

完全即興のフリースタイルでは、ビートに合わせて最初の一言を発したあと、次々とこうした箱を並べていく。最初のうちは考えながら言葉を選ぶが、あるところからは勝手にどこからか箱がやってくる感覚に陥る。これをZONE（ゾーン）と呼ぶ。**ラッパーがゾーンに入ると能動的に言葉を選ぶのではなく、次々と向こうからやってくる箱をビートの上に並べていく**ようになる。ゲームのテトリスのようなイメージだろうか？

このときの並べるスピード感は、その場で鳴っているビートに依存する。ビートに身を委ね、感覚がビートの速さやドラムパターンなどと一体化すると、それに合わせて次々と箱がやってくるのだ。それを連結していくなかでイメージが生まれ、そのイメージによっては違う形状の箱に乗り換えていくこともある。

さきほどの例で説明すると、「器がでかい」のあとで器（う・う・あ）に乗り換えて、「襖を開いて、薄窓の向こう、ぶつかる寸前まで、膨らむ衝動」のように続いていく。ふすま、うすま（ど）、ぶつか（る）、ふくら（む）でリズムが統一される一方、（む）こう、しょうどう、でもリズムが生まれる。普通に文章として考えると論理的ではないが、ビートの上で次々とこうした言葉を発していけば意味や論理はあとからついてくるし、ついてこなくても実はよい。箱の連結から論理では繋がらないようなイメージが浮かび上がることもあるのだ。音を揃えれば同じ形の箱になる、と言ったが、大事なのは音なので、「世界」で言えば、「明快」や「結界」あるいは「チェンマイ」のような言葉も音を揃えて発音すれば同じようなリズムをキープ出来る。この構造がさらにいくつかの言葉を組み合わせたり、接続詞などを含めることでより高度化していく。そして、一つ一つの言葉を発する音量によっても表現の幅は広がっていく。

ラッパーがゾーンに入ってしまえば、延々と箱を並べていくような即興は可能だ。言葉の箱がどこからともなくやってきて、次々と連結していくのは大変な快感も伴う。

MCバトルなどではよくラッパーが即興で相手をdis、つまり攻撃したり、否定したり、茶化したりする。このときはより能動的に、つまり相手の特徴や直前に相手がラップした内容などにフォーカスしたフィルターを用意している。そのフィルターを抜けた箱がやってくる感覚だ。ラッパーにもよるが、**言葉がやってくる感覚でラップする人もいれば、事前に箱が用意してある頭の倉庫から言葉を持ってくる人もいる。**常に鍛錬をして言葉を記憶し、倉庫に形状ごとに並べているタイプのラッパーは多い。

バトルで強いラッパーには、この倉庫の貯蔵量が大変多いタイプがいる。ただし、倉庫から言葉を選んでいるうちは能動的な作業なのでゾーンには入らない。頭の回転は非常に速いが、回転させているのを自覚しているうちは言葉が勝手にやってくる境地には辿りつかない。**ゾーンは中動態的な感覚であり、同じ形状の箱を並べたり、違う形の箱に乗り越えるのも自覚的に、能動的にやるのではなく、「勝手に」行われていくようになる。**

フリースタイルでゾーンに入るラッパーは世界に開かれていく。言語は人類の思考を論理という構造のなかで整理し、複雑な思考を可能にしたが、その分感情や勘といった、そもそも生物的に備えていて言語的表現からはみ出るものを喪失していった。

ラッパーがゾーンに入ることで、言葉は、論理の枠から解放され、音、リズムとして再び現れる。僕はここに人類の近代化で喪失された〝大事なもの〟の復活を感じる。ミュージシャンが楽器でトランスすることはよく知られているが、ラッパー（もちろん歌手や詩人もリズムに着目した即興を行えば同様）は言葉でトランスする分、言葉の獲得による人類の進化と喪失を直接感じ取ることが出来る。

そもそも長い歌のような形で感情を含めた情報のコミュニケーションを行っていた人類は、その歌を細かく分断することで言語を生み出し、そこに意味を生じさせた。意味という情報に一元化することで誰でも言語を同じものとして使用することが可能になったが、意味以外の情報が言外のものとして取りこぼされるようになっていく。

ラッパーは言語が誕生した瞬間の、言外と言内の境目をリズムによって行き来する存在なのだ。

Freestyle

箱を並べてZONEに入る

ブレイクビーツという永遠に続くリズムの上で、言葉を展開するラップ表現。選択する言葉に意味と感情を込め、リズムという文脈の上で再構成する

言語表現には、そもそも「ヴァーバル」という側面がある。発声されるものとしての言葉だ。発声される言葉は、音の連続体であり、そこにはリズムが生じる。言葉のこうした特性をリズムという側面から考えたとき、母音が揃った言葉を並べる、つまり韻を踏む行為に発展するのは当然だ。歌詞を伴う歌は、こうしたリズムを前提とした言葉と、本来、原始人類のコミュニケーションツールとして互いの感情を伝える歌が合わさったものなので、押韻が歌の展開に大きく関わってくる。

現在の日本の国語の授業で、和歌や俳句や漢詩を読み物として教えることに抵抗を感じる。それはそもそもは歌われていたもの、発声を前提として作られているにもかかわらず、肝心の音とリズムの部分を教えていないからだ。言葉とリズ

Rhyme and Reason

ムをセットにした国語教育が行われていないから、日本人は自分たちの発話のポテンシャルに気づかないことが多いのではないか？　識字率の高さを競うのも結構だが、言葉という存在への向き合い方をあらためて考えた方がよいと思う。政治家や会社の役員の喋りや式典などでのスピーチの、著しく音としての魅力に乏しいパフォーマンスに接するたびにその思いは強くなる。

英語圏では、子守唄でも労働歌でも歌詞の押韻は当たり前だ。いわゆるポップスの成立過程でブルーズがリズム＆ブルーズ、ロックンロールへと繋がっていく。これは音楽のリズムだけではなく、その上で歌われる言葉のリズムの変化も伴ったものだ。４小節のなかで韻を揃えていく4行連句が一般的で、これが音楽に合わさって展開されていく。

1960年代にビートルズが登場して以来、世界標準のポップスという文脈が立ち上がる。それは言葉のリズムが世界標準化していく過程でもあった。日本でもGSブームへと繋がるが、ここで英語のリズムではなく英語のメロディとして伝わってしまったのではないか？

非常に雑な話をあえてすれば、日本語ロック論争は、リズムを英語、日本語で歌うというより、メロディを英語、日本語で歌うという観点で行われていた。ここで韻を軸としたリズム解釈の話を深めなかったから、のちに日本語ラップで同じ議論が繰り返されることになったと思う。

再度確認するが、僕はラップを、言葉をリズミカルに演奏する行為だと定義している。ラップをメロディとして解釈するから、日本語はそぐわないという短絡的な批判が登場する。しかし、言葉とリズムの関係性を考えれば、**全ての発話はリズムを伴うのでさまざまな言語でラップが出来るのは当たり前だし、その証拠に現在、世界中でさまざまな言語によるラップが発表されている。**

そしてリズムを起点にメロディを構築する発想になれば、メロディを寄せることが出来るのも、世界のラップがそれぞれの言語で流行のフロウ（メロディ）を表現出来ていることからもわかる。メロディをリズムごとに分節し、そのリズムごとに言葉を配置する、あくまでリズムファーストのアプローチだ。

ラップが特にリズムを重視した表現であるから、日本ではラップだから韻を踏む、韻を踏むのがラップ、という誤解も生じている。これは日本において言葉と音、言葉とリズムという視点での考察が長いこと欠落していたからだが、ラップにより、ようやく日本語にこの視点を持ち込めるようになった。

ブレイクビーツという永遠に続くリズムの上で、言葉を展開していくヒップホップにおけるラップ表現は、言葉のリズムの可能性を大きく広げる。 2小節ごとに末尾の韻を揃える2行連句、小節の頭で韻を揃える頭韻、

3連のリズムに韻を合わせたり、単語を二つ以上組み合わせて音を揃えたりとヴァリエーションは多岐にわたる。

ラッパーがラップを作るとき、選択する言葉一つ一つに意味や感情を込めるが、これをリズムという文脈の上で再構成するのだ。言葉という箱にイメージやメッセージ、感情が入って流れていくのがラップ表現であり、リズムという文脈を日本語に与えたことは、今後の世代の日本人の日本語感覚を、飛躍的に成長させると思う。言葉がポンッとそこで鳴る感覚の楽しさこそがラップの最大の魅力なのだ。

年齢、性別、社会的役割、組織の職位を円環構造によって上書きし、同じビートの上のラップによって、新しい関係性を作っていく

2000年代初頭から日本語のフリースタイルラップは急成長を遂げる。きっかけはB-BOY PARK、ULTIMATE MC BATTLEといったMCバトルの大会だ。ラッパー同士が即興で互いにラップを披露し、審査員や客の判定で勝者が決まる。BSスカパー！「BAZOOKA!!!」の番組内企画「高校生RAP選手権」、そしてテレビ朝日系列「フリースタイルダンジョン」が放映されるや全国的に広がり、今では大人も子供もフリースタイルラップをやっている。

日本のフリースタイルMCバトルの歴史については拙著『MCバトル史から読み解く 日本語ラップ入門』に詳しいのでそちらを参照してほしいが、**日本語によるフリースタイルラップという行為そのものは、MCバトル以外にも**

Cypher

多くの可能性を日本社会にもたらしていると思う。

僕はラップを初等教育に取り入れるべきだとずっと主張している。ラップをするためにはボキャブラリーが必要なので、ラップが言葉を覚える動機になる。覚えた言葉は音と意味という二つの観点で整理されることになるし、さらにそうした言葉をラップすることでリズム感が養われる。リズムに乗せて言葉を〝演奏〟していけば、さらに身につくことになる。これを小学校低学年からやることの教育効果は大きいはずだ。

そしてもう一点、Cypher（サイファー）という概念からも考えたい。

サイファーとは輪を意味する。ラッパーが何人かで集まってラップする際に自然とサイファーを形成することが多い。互いのラップを聴きながら順番に、あるいはランダムに次々とラップしていく。スピーカーがサイファーの中央に設置されて全員が同じビートを聴いている場合もあるし、アカペラでラップしながらも全員が同じリズム感を共有している場合もある。誰かがヒューマンビートボックス、つまり口でリズムを演奏している場合もある。

ラップをする上で物理的に便利だからサイファーは形成されやすいのだが、**輪になるという構造は重要だ。誰かが中心にいるのでもなく、立ち位置**

に上下の関係もない。輪っかへの出入りは自由で、ふらりとやってきて参加してもよいし、ラップが終わったら抜けてもよい。キャリア10年のラッパーと、初めてラップする人が同じ輪っかのなかにいてそれぞれのラップに耳を傾ける。

ラップする順番も大事だ。多人数の会話、会議などで誰がどういう順番で話すか？　は儀礼的になりがちで年功序列、組織内の立場に依存することが多い。サイファーではこうした側面がリセットされる。ラッパーは単純に時計回りや反時計回りで順番を回していくだけではない。誰かがラップした言葉と韻を踏める言葉を思いついたら、続いて韻を踏むことで入っていくことも出来るし、ラバダブ的に同じ話題でラップ出来ると思って話を引き取ることも出来る。こうしたやりとりが同じビートという共通感覚のもとで行われるのだ。すぐにラップ出来る、出来ないを分けるのもこの共通感覚を持っているかどうかに関わる。

リズムを〝感じて〟いればスムーズにラップする順番を自分のものに出来るし、前のラッパーのラップがどこで途切れるかもわかる。言葉の箱が向こうからやってくるのがわかるようになるのだ。そして、今ラップしている人が順番の1位だと認識される。発話者の立場が肩書きを超えて最も重要だと定義されるのだ。

サイファーではお互いのラップを体験出来るのはもちろんだが、サイファーというプラットフォーム自体の体験に大きな意味がある。前述した会話や会議にフィードバックされれば、より充実したものに変えていけるだろうし、肩書きにかかわらず、その場に反応しているかどうか？　で人を判断出来る。権威に寄りかかっただけの鈍感な人の話を聞く必要はないだろう。

2017年、千葉県市原湖畔美術館で「ラップ・ミュージアム展」が開催された。日本におけるラップの歴史のアーカイブ、ラップに関するワークショップなどが行われるなか、僕は「VRサイファー体験」という展示を提供した。360Channelに技術面でサポートしてもらい、実際にラッパーたちのサイファーを360度で撮影する。VRカメラを身につけた参加者は、そのサイファーに参加する体験が出来る。

自分の立ち位置に向かって次々とラッパーたちがフリースタイルラップをしていく。次は自分がやらなきゃ！　という緊張感、そして他のラッパーたちと同じリズム、ビートを共有しているという感覚。次々と言葉が音として、意味として連鎖していく感覚。360度撮影しているので視点を動かせばラップしている人、あるいはそれを聴きながらリズムに乗っている人、次の順番を待っている人、ラップを終えている人を見比べることも出来る。サイファーというプラットフォームの擬似体験を目指した展示だ。

年齢、性別、社会的役割、組織の職位……そうしたさまざまな立場

を円環構造であるサイファーによって上書きして、同じビートの上でのラップによって別の関係性を持たせていく。こうした関係性は、学校教育においてはサイファーを離れて社会に戻っても新たな可能性への端緒となり得る。学年の違う生徒も教師も保護者も加わったようなサイファーでラップすることにより前述した言葉やリズムの学習だけではなく、社会を体験を通じて学ぶことが出来る。

2005年ごろ、ヒューマンビートボクサーの太華氏とラッパーのタロウソウルが、青空の下でラップしようと呼びかけ、渋谷ハチ公前広場で毎週サイファーが開催されるようになった。気づけば参加者はどんどん増え、多いときには10人程度のサイファーが5、6個出来ていた。

渋谷駅という場所柄、静岡からレコードを買いに渋谷に来た若者、6歳で興味を持って輪っかに加わる子、就職活動帰りの大学生、北海道から来たラッパー、フランスのテレビ局員……。さまざまな人がサイファーの輪に加わり、離れていった。そのなかには今も付き合いのある人もいれば、その一瞬を共有しただけの人もいる。

渋谷ハチ公前での呼びかけによるサイファーは、日本全国で勝手に行われるようになった。**日本の社会が崩壊していく時代のなかで、サイファーとい**

うプラットフォームが結ぶ縁が描く円、そして和を生む輪がもたらすコミュニケーション、そして人と人との関係性の新たな可能性は決して小さくないだろう。

婦人参政権、公民権運動、BLM、これはレコードをひっくり返す運動。でもひっくり返しても同じレコード、A面とB面は表裏一体

12インチのアナログシングルは、ヒップホップにおいて重要な役割を果たしてきた。ざっくり説明すれば、シングル盤には二つの面があり、片方をA面、レコードをひっくり返した反対側をB面と呼ぶ。A面にはヒットを狙った一般受け、ラジオ受けの曲を収録し、B面にはそれに比してファン向け、マニア向けの曲が収められる。

ヒップホップではレーベルのマーケティングに反して、B面曲がヒットすることがよくあり、その後の流行がB面から生まれることもしばしばだ。つまり、A面とB面が入れ替わるのだ。最近はアナログのリリースが減ってサブスクで一曲のみをシングルとしてリリースする場合が多いが、このA面B面の感覚自体は強く残っていると思う。

B-Side Wins Again

僕が日本での風営法改正運動に参加していた時期に行政相手に話すときや取材時に社会を表すイメージとして、このレコードのA面B面イメージをよく使った。**社会にはA面とB面がある。**かつての風営法では夜0時以降、客にダンスさせる店舗営業は違法とされていた。だが0時以降にも生活はあり、経済活動があり、文化がある。**行政はA面の方しか向いていないが、社会にはB面があることを僕は指摘してきた。**

2020年のコロナ禍では、それが顕著になった。「夜の街」はレコードのB面であり(タイトル曲のようでもある)、レコードをひっくり返すタイミングが夜の20時だ。同時にミュージシャンや役者、芸人そしてフリーランスで仕事をしているような人はみなB面で歌っていたのだ。そしてCOVID-19という「悪しきもの」もB面に押し込めておけると思ったのだろう。ところが、**面が違っても一枚のレコードは一体だ。**B面だけが感染するなんてことは有り得ない。同じレコードの盤面である、という事実に気づくのが大事だ。

そもそも初めてレコーディングされたヒップホップの曲は、シングルとしてリリースされている。シュガーヒルというレーベルからリリースされた、シュガーヒル・ギャング名義の「ラッパーズ・ディライト」だ(ヒップホップの手法を取り入れたファットバック・バンド「キング・ティムIII」はあったが〝ヒップホップとして〟制作されたシュガーヒル・ギャングをここでは採用する）。

もともと歌手であったシルヴィアとその夫であるジョーのロビンソン夫妻は、レコードレーベルを運営していたが、1970年代末には経営がギリギリの状態だった。ジョーは業界でも荒っぽい手腕で知られていてヒット曲が続かず破産寸前、たび重なる裁判での弁護士費用の捻出にも苦労していた。

そんな最中、シルヴィアがたまたま訪れたクラブでDJハリウッドとMCのラヴ・バグ・スタースキーがパーティーを盛り上げていた。DJがかけるビートの上でMCがラップで客を煽り、客がそれに呼応していく。その場を行き交うエネルギーがシルヴィアにあるヴィジョンをもたらした。これを「曲」にすれば……すぐに行動に出たシルヴィアはニュージャージーでラップが出来そうな若者を3人スカウトし、レコーディングを始める。バックトラックは、彼女が目撃した現場でDJハリウッドがかけていたシックの「グッド・タイムズ」という曲の焼き直しをバンドに演奏させた。

スカウトされた3人はもともとラッパーですらなかった。そのうちの一人、ハンクはニューヨークの有名なグループ、コールド・クラッシュ・ブラザーズの手伝いをしていた関係でグループの歌詞を覚えていて、メンバーのキャサノヴァ・フライのパートをまんま歌っている。そのため、自分のことをキャサノヴァと自

B-Side Wins Again

社会にはA面とB面がある

己紹介してしまっているのだ。しかもパーティー現場で行われていることを録音したため、曲としての構成もなく延々と15分も続いていた。

しかし、この異例の「初めてのラップレコード」は飛ぶように売れ、全米を通り越して世界中に伝わった。ジョーとシルヴィアは正規流通以外にも裏口からもレコードを卸していたので、実際の売上枚数は不明で何百万枚のセールスを誇った。この「ラッパーズ・ディライト」は12インチシングルのみで全米トップ40に入った。**それまでのポップス、音楽業界を「A面」と考えれば実に「B面」的な誕生からのヒット**だと思う。

実際、こんなお喋りレコードは音楽じゃないし、売れないと当時は言われていたらしいが、今や世界中のヒットチャートはヒップホップ以降の感覚で溢れている。**僕はヒップホップがこうした〝いかがわしい〟スタートを切っている点が本当に魅力的だと思うし、痛快だと感じている。**

パブリック・エナミーの曲に「B-サイド・ウィンズ・アゲイン」がある。B面がまたもや勝った、という内容で、BにBlackという意味も被せている。白人中心で作られたアメリカ社会のA面に対して彼らがB面を代表して勝利宣言を出している。レコードをひっくり返すのだ！　**婦人参政権、公民権運動、そしてBLM（ブラック・ライヴズ・マター）、これはレコードをひっくり返**

す運動だとも言える。ただ、**ここでも一つの事実に注意する必要がある。ひっくり返しても同じレコード、A面とB面は表裏一体なのだ。**

社会をレコードにたとえたとき、先述したように行政や「昼の街」、表通り、地上の高層ビルをA面と考え、ナイトカルチャーや路地裏や地下、芸術や文化をB面と考えるのはいささか単純すぎるが、そんなに外れてもいないだろう。人種、国籍、年齢、性別などその構成要素は、常に流動的な社会を〝一枚のレコード〟と見立てることでわかることがある。A面B面が一枚のレコードだという点が一つ。もう一つは、そのレコードはプレーしている面、つまりそのとき**注目される面を裏っ返すことが出来るという発想。その発想、視点は、レコードの外側にある**ということだ。

社会をレコードにたとえることで同時にそのレコードをプレーする人という外側の視点、社会の外側という視点が得られる。ヒップホップのDJはレコードをプレーする。A面B面をひっくり返すことも出来るし、別のレコードに繋ぐことも出来る。これが社会を外側から見る視点ともリンクするし、社会は変えられることに気づける。

レコードを替えるのは社会そのものを乗り換えるイメージなので容易ではないし、これまで人類が自らレコードを替える選択をした例は少ない。フランス革命、アメリカ独立戦争、共産主義革命、ベルリンの壁崩壊、アラブの春……これはレコードを替えてしまおうという試みだ。一方、レコードを替えることに抵抗する論理は、「この曲にはこんないい場所があるのに」という感覚だろう。レコードを替えるときに前のレコードのよいところだけを残すことは出来ない。抵抗する心理が100%間違っていると言えない点もあるだろう(たとえそれが一部のリスナー〈階級〉に限った話だとしても)。だから常に困難は伴う。

だが、レコードを替える可能性を知っていることが大事だ。**DJの視点で社会を捉えることで常に別のレコードに替える選択肢を想定出来るし、DJミックスによってリズムを調整し、徐々に次のレコードを繋いでいくことで社会の移行にこれまでのような大量の犠牲や衝突を生まない方向性すらも想像出来る。**

「There ain't a problem that he can't fix, He can do it in the mix」

DJに解決出来ない問題はない。彼は全てをミックスによって解決するのだ。社会運動にこういうイメージを持ち込むことで新たな流れが生じてくる。DJの前には2台のターンテーブルがあり、それゆえにレコードを替えるという選択肢があり、ミキシングによってスムーズにレコードからレコードへ移行するイメージを持つことが出来るのは示唆的だ。

ここでもう一つの大前提を考える必要がある。レコードはターンテーブルの上でこそ再生することが可能だ。レコードという形状を取っているからターンテーブルに載せることが出来るのだ。つまりゴツゴツとした岩のようなものや尖った柱のようなものをターンテーブルの上に載せても再生は出来ない。たとえ少し回ったとしてもすぐに止まったり、外れたりするだろう。

社会をレコードとしてイメージした場合、どんな社会も有り得るわけではないことがわかる。社会(レコード)を載せるターンテーブルもまた人類の歴史のなかで形成されている。人類が狩猟採集から定住に至り産業革命を経て……という歴史によって作られたのがターンテーブルの形だ。だから安易にどのような社会だって有り得ると想定することは出来ない。**社会が回る、その前提にはその社会が載っかるターンテーブルの形状があり、その前提には……と思考を遡らせなければいけない**のだ。

「初めてのヒップホップレコード」誕生の瞬間もまさに現場でDJハリウッドがレコードをプレーしていたパーティーだ。そのときかかっていた曲は「グッド・タイムズ」。よい時代にしていくためには常に外側の視点を持つことが大事だ。

今、かかっているレコードはあとどれくらいあるのか? そろそろ次に繋がないといけないのでは?

B-Side Wins Again

社会にはA面とB面がある

スクラッチとは、閉ざされた社会、システムをぶっ壊して世界を再構築するヒップホップそのもの

僕は毎年ＤＭＣジャパンファイナルの司会を務めている（２０２０年はコロナ禍でオンラインのみで開催されたので司会はなし）。２０１９年度大会ではバトル部門でクリーピーナッツのＤＪ松永が優勝し世界大会に進み、そのまま世界一の座に輝いた。

ＤＭＣはＤＪ／ターンテーブリストの大会である。２台のターンテーブル（レコードプレイヤーで再生速度調整も出来る）とそれを繋ぐディスコミキサーを軸にしたＤＪによるパフォーマンスを世界各国で競い、世界一を決める。

ターンテーブリストとはターンテーブルを演奏する者の呼称だ。彼らはさまざまな技術を駆使してレコードとターンテーブルを操り、素晴らしい演奏を見せてくれる。その技術の根幹というか、基礎となるのがスクラッチだ。

Built from Scratch

英語で「擦る」を意味するスクラッチとは、レコードを前後に動かすことでキュッキュッという音を出す行為だ。

1975年、ブロンクス在住の13歳の少年セオドアは部屋でレコードを大音量で聴いていた。「うるさい！」と母親が怒ったため、セオドアは慌てて手でレコードを止めた。その際、手がちょっと動いてしまいレコードが前後にずれる。そのときに生じた〝新しい音〟がセオドアを虜《とりこ》にし、その後さまざまなレコードを擦って遊ぶようになる。これがスクラッチの誕生と言われる（セオドアはのちにグランド・ウィザード・セオドアと名乗り活動する。彼の「Say turn it up!〈音を上げろ！〉」という掛け声は定番フレーズとして多くの曲でサンプリングされている）。

スクラッチによって新たな音が出現した。いや、実は世界にそもそも存在していた音を発見した、とも言える。

世界には楽譜やコードでは表せないさまざまな音が存在しているが、「音楽」というフォーマットで楽譜などの記号が当てられたことで、あたかも全ての音がそこに表されているかのように錯覚する人が出てくる。楽器を演奏するときも、ただ音を出すのではなく、楽譜に従って正しく音を出すという態度を取るようになる。

もともと正解などない、ただの音に「正解」が与えられ、その「正解」のなかに閉じ込められる。**スクラッチはそんな閉ざされた音楽を再び世界に向けて開いた。**家にレコードがある人はスクラッチしてみてほしい。レコード盤から世界に開かれていく感覚を味わうことが出来ると思う。ただのノイズではなく、そのレコードの音から生じる新しい音。ちなみに同じレコードをスクラッチし続けるとその部分が劣化して音が変化する。こうした**音の変化も「正解」という固定した状態に対して「流れ」ている世界を感じさせてくれる。**

世界に向けて開かれるきっかけのスクラッチも、年を経るごとに体系化され、技術には名前が与えられていく。ディスコミキサー等で音のオンオフを操作する「トランスフォーマースクラッチ」、馬の蹄《ひづめ》の音を模した「ホーススクラッチ」、2枚の同じレコードで交互に音を出しながら曲を再構築していく「ビートジャグリング」など。イメージとしてはバッと開かれた状態から、それぞれの「名前」というフォルダに収められていく感じだ。そして、それぞれに正解が与えられていく。

こうした「開く／閉じる」の連続はあらゆることで起こる現象だ。そのダイナミズムの先に世界がある。天才ターンテーブリストとして有名なDJキューバートはドキュメンタリー映画『SCRATCH』で、「頭のなかには新しいスクラッチの

Built from Scratch

レコードを擦ると楽譜や音楽理論の外側の音が鳴り出し、世界に繋がる

音がイメージ出来ている。でも、まだ手が追いつかないんだ」と語っている。これは彼の脳が開かれた世界と接続している証拠だと思う。**世界をうごめく正解のない音が彼の頭のなかにやってくる。それを彼は手を使ってターンテーブルの上を回るレコードを使って捕まえようとしているのだ。**

映画『WILD STYLE』のなかの有名なシーン。グランドマスター・フラッシュが台所に並べた3台のターンテーブルを使ってスクラッチを聴かせている。ジャージ姿の彼の動きそのものがかっこよく、楽器を演奏するという概念を一気に刷新するものだ。彼がレコードを操るスピードがあまりに速いことから友人たちは彼をDCコミックのヒーローに倣《なら》ってフラッシュと呼んだ。

彼がスクラッチする様子は、まるで人が世界と交信しているようだ。システムの、社会の、正解の、言葉の……内側から外側の世界に向けての交信。**スクラッチという行為は、閉ざされていく社会、システムをぶっ壊して、世界のなかで再構築するヒップホップそのもの**だ。Built from scratch は一から作る、という意味だ。僕らの当たり前だと思っている社会を一から作る最初の音。

Say turn it up!

壁のグラフィティが景色、そして社会認識を塗り替える

グラフィティが描かれて壁を意識する。壁とは法であり、社会だ。壁の向こうにも世界は広がっている

つまらない間違いを繰り返す、街並を塗り替える　バッ！
振り返れば　浮かび上がるVIBESが　立ち上がれ　WILDSTYLE
壁一面THROW UP 一瞬の勝負　タギング決めてすかさずダッシュ
夜の達人ON THE RUNだぜ！　落書きってアートなんだぜ
桜木町　KRESSが起こしたKAZE QPそこら中　SD、KANE

Wildstyle

渋谷ＮＨＫ裏にKAMIが降りた　街の空気にillな残り香
アメ村真っ黒に染めたCASPER TABUが歌ったMASTERPIECE
明日無き一瞬を捉えた　イエー！ JAPANESE WILDSTYLE PAINT IT BLACK!

これは僕の曲「JAPANESE WILDSTYLE feat. SITE&NORIKIYO」の歌詞だ。ヒップホップの4大要素の一つにグラフィティがある。直訳すれば落書きになるのでエアロゾールアートと呼ばれることもあるが、僕は**落書きが転じてアートになる、という逆転現象にヒップホップの本質がある**と思っている。

ワイルドスタイルとは、ニューヨーク、ブロンクスのグラフィティクルーの名称であり、彼らが得意とした複雑で立体的なグラフィティのスタイルも同じ名前で呼ばれるようになる。

矢印やカーヴを使い、文字と文字が入り組んで層をなすワイルドスタイルなピース（作品）は、グラフィティライターのクリエイティヴィティが最も発揮されるスタイルだが、多くの場合、もはや文字としては読解困難でもある。アーティストのラメルジーは、「文字を武装させる」という表現を用いた。**文字に矢印を組み合わせることで平坦で汎用的な文字に一定の方向性を持たせたり、意味を増幅させ、積極性を持たせる。つまり武装させる**わけだ。そもそも誰もがコミュニケーションを取れるようにするために作られた〝**みんなのもの**〟**である文字を、ライターがカスタムし、武装させることで極めて個人的なものに変える行為は大変刺激的**だ。

ヴァンダリズムは破壊行為と訳されるが、グラフィティアーティストのなかには意識的に公共物破壊というスタンスで公的な施設にグラフィティを描くことがある。〝公〟とは〝みんなのもの〟という意味だが、権力によってむしろ〝誰のものでもない〟空間に成り下がってしまうこともしばしば起こる。特に日本における公的場所、公園が顕著だ。行政による「○○してはいけない」という規制で埋め尽くされた、「空」でも「間」でもない歪な場所が誕生してしまう。

こうした場所に**グラフィティアーティストによるタグ（名前を描くこと）やピース（グラフィティ作品）が投下されると、その〝場〟がそもそもなんであったのか？　の気づきが与えられる**。公を、個／私が塗り替えることで、公に潜む権力性が暴かれる。公共物破壊は紛れもない違法行為なのだが、違法であるという点でそこに法の存在が明らかにされ、法で保証される公・権力のもとにある公と、その外側も同時に明らかにされる。
一つのグラフィティが出現することで、その場の意味が一気に塗り替わる、いや、そもそもの意味に立ち返る、とも言える。僕らが強固なものだと勝手に思い込んでいる法や社会が実はあやふやなものにすぎないことは、バンクシーが壁に描いた作品が東京都庁に〝ありがたく〟展示されているという滑稽な事実からもわかるだろう。

壁にグラフィティが描かれることで僕らはそこに壁があることを意識出来る。壁とは法であり、社会であり、そこに出現したグラフィティによりその向こう側、外側があることを僕らに教えてくれるのだ。

世界中がコロナという社会問題に感染していた2020年。それぞれの国の対応を平行して見るのは、頭のなかの選択肢を増やす意味でも非常に有益だった。ただ、インターネット以降の時代においては、情報が常に飛び交い、秒刻みで世界中で発信されていく。政府発表、医学的知見、メディア報道、学者の見解、ブロガー、SNSの匿名アカウント。玉石混交どころじゃない。塵以下の価値のものも有毒なものもあり、何を信じてよいのか途方に暮れてしまう人も多いだろう。
そう、何を信じてよいのか。信じて頼る、信頼という言葉が今ほど強く意識されるときはない。そして、信頼は簡単には醸成されない。今、壁のなかがウイルスと不信によって崩壊している。これはもともとの運命だったとはいえ、コロナがそれを一気に促進した。

ユヴァル・ノア・ハラリが、2020年3月、「TIME」誌にコロナの論考を緊急寄稿した。そこでは封鎖して孤立化への道を進むのか？　医療をはじめとした情報や資源を共有して繋がるのか？　ウイルスに勝つとはどういうことを意味するのか、国際社会が直面している選択肢について論じている。ここでもキーワードは信頼だ。信頼を築くことが国民国家の枠組みとは異なる可能性を開いてくれる。そもそもウイルスに国境は関係ないのだ。

フランクフルトでの僕の体験が想起される。フランクフルトで開催されたワーグナー・プロジェクトにはグラフィティライターのスナイプワンさんも参加していた。彼が毎日描く新しいピースが次々と舞台に飾られていく。その様は圧巻なのだが、もう一つ感心したことがある。

ある朝、スナイプさんと劇場近くのカフェに行ったら彼の友達が来ていた。オランダから来たグラフィティライターのルークで、わざわざスナイプさんに会いに深夜バスで訪ねてきたという。コーヒーを飲んだらスナイプさんが「用事あるんで！」と抜けてしまい、残された初対面の二人は、ルークの希望で一緒に動物

Wildstyle

壁のグラフィティが景色、そして社会認識を塗り替える

園に行った。動物を見ながら下らない話で盛り上がり、すっかり仲良くなって劇場に戻ると、大量のペンキを後ろに積んだバイクに乗った男が待っていた。彼はフランクフルトのライターのセバスチャンで、東京からライターが来ていると聞いて会いに来たという。そこにスナイプさんが戻ってきた。二人は初対面だったが、早速使っているスプレー缶のメーカーの話をしている。ルークもそこに加わる。

するとセバスチャンが「まずは描くか。場所、知ってるから」と案内してくれた。そこはコミュニティセンターの裏庭のようなところで壁に自由に絵を描けるスペースになっていた。「ほら、そこのが俺だよ」とセバスチャンが指さすと隣のアパートの壁一面に大きなピースが描かれていた。よし、この辺で……と壁を決めると三人それぞれに描き始めた。「スペインのあいつ知ってる?」「あ、噂ならな。イケてるんだろ?」「今度、そっち行くけどどこで描けるの?」「あそこの店でだったらいろいろ買えるぜ」「サンパウロ行くんだったらあいつに連絡しなよ」などと会話が弾んでいく。

それぞれの街には頼るべきライターがいて、描けるスポットがあり、スプレーを入手出来る店がある。彼らはお互いに初対面でも、グラフィティアートという共通感覚を持っていて、そこに根差した情報を互いに交換していた。

ご存じの方もいると思うが、グラフィティライターのなかには法の枠組みを全

く気にしない人も多い。彼らは互いに助け合い、情報を分け合いながらそれぞれが勝手に表現している。もちろん、そうした繋がりからも外れる人もいるし、それも自由だ。

僕はどんどん完成していく壁の絵を見ながら、彼らの住む、全く違う世界線に触れ、興奮していた。彼らにとって街は全く違う姿をしていて、ボム（グラフィティを描くこと）出来る場所がそこらじゅうで彼らを待っている。彼らを繋いでいるのも信頼。信頼出来る情報だ。

コロナウイルスが世界を作り変えてしまうのでは？　と指摘する声がある。ハラリの論考もそうだった。そんな新しい世界線をしぶとく生き抜く術は世界に散らばるグラフィティライターたちのような信頼をベースにしたネットワークの構築ではないだろうか？

スナイプさんはモップを地面に置いた。

「よし、出来たかな。乾くまでちょっとかかる」

世界が閉じてしまったあとの壁にグラフィティがボムされる。また世界を塗り替えることが出来るし、壁の向こう側、法の向こう側を感じることが出来るのだ。

Wildstyle

壁のグラフィティが景色、そして社会認識を塗り替える

何かをレペゼンするならば、その前提を知らなければいけない。お前は一体〝どこ〟にいるんだ？

２０１０年、脳梗塞で入院、左目の視野欠損。僕が33歳のときの経験だ。33歳になったときは、レコード盤の33回転と同じになったと無邪気に喜び、よいビートを出すぞ！　Bring the beat!　とはしゃいでいたが、レコードは一時停止ボタンを押され、逆回転、下手したらそのままプレイヤーから外されそうになったわけだ。

こういうことは人生にそう何度も起きないだろう、生き延びたからにはこの経験を生かそうと思っていた。だが、翌年の3月11日、東日本大震災が起きた。今度は僕の個人的体験では済まない、日本中の人の人生に大きな影響を与える出来事だった。

宮城の知り合いのＤＪは家ごと流されてしまい、集めていたレコードの大半を失った。郡山の友人はそれまでいい加減で陽気な人柄だったのが、不安に怯える地域のコミュニティをまとめるために奔走した。救援物資を持って壊れた道路の先の被災地に届けるために飛び出す人たちがいた。行政の動きにみなが注目し、メッセージが発信されるたびにさまざまな反応が起こり、デマや流言飛語も飛び交い、疑心暗鬼に陥る人、右往左往してしまう人もいた。

福島の原発事故により、日本のエネルギー政策が安全神話という有り得ない前提のもとに設計され、東電という電力会社一社がそれを担い、その上に利権構造が出来上がっていることも、東京都民の生活が原発立地県に支えられていることもあらためて明らかになった。僕らの当たり前の日常がいかに選択肢のないなかで成立していたか、少なくとも僕はその状況自体にもちゃんと気づいていなかった。震災は日本社会そのものを揺るがした。

僕自身は、妻と1歳の娘と焼肉店で遅めの昼食を食べていたときに地震に遭った。最初の揺れで従業員も客も店の駐車場に飛び出した。僕がスマホで調べたら東北の地震だとわかった。集まった人々は東京でこんなに揺れているのに震源は東北なのか？　と驚いていた。ちょっとイメージが湧かなかった。揺れが収まったのでみなで店内に戻ると、肉が焦げてしまっていたので店側が新しく用意してくれた。そのタイミングで二度目の揺れが来た。店長がお代はいらないのでみなさん、すぐに帰宅してください！　と叫んだ。家に戻ると床には食器とガラスが散乱していて棚からレコードや本が全て落ちていた。その日は最小限の荷物をまとめ、家でもスニーカーを履いて、妻は娘を抱っこ紐で抱えたまま過ごした。凄まじい地震と津波の被害、福島第一原発への大きな懸念が次々と報じられていく。そして僕はネットに釘づけになった。毎秒のように更新される映像や文字情報の渦に飲み込まれて処理が追いつかず、何をすればよいのか？　そもそも、何かをする自分は、今、どこにいるのか？　自分、社会、世界という配置を半ば強制的に意識させられ、混乱した。

Where you at?　ア・トライブ・コールド・クエストの曲「HOT SEX」でラッパーのキューティップからこう呼びかけられる。

お前はどこにいるんだ？　どこ？　現住所？　それならばその住所は何によって決められているのか？　どこまでを自分が決定し、それはどう決められているのか？　自分のいる土地が誰かのものだとして、それはなぜなのか？　どこ？　現在の生活環境？　自分が利用している水や電気、ガスはどこから来ているのか？　食べているものは？　着ている服は？　そうした諸々を維持するためのお金とはなんなのか？　どこから来ているのか？

僕はほとんど考えたことがなかった。**何かをレペゼンするならば、その前**

Where you at?

現在位置を確認するためには

提を知らなければいけない。お前は一体〝どこ〟にいるんだ?

衣食住といったものは社会というシステムによって保証されていて、日本では、僕らが料金や税金を支払うことでそのシステムを維持してきた。ところが地震も津波も社会の外側からやってきて、いとも簡単に全てを薙《な》ぎ倒していった。原発は絶対に安全だ、などという日本社会のなかだけで盲信されてきた戯言も一瞬で破壊された。そもそも**社会のなかは安全だ、という思い込みが社会というシステム運営の基礎になるわけだが、それも人間による約束事にすぎない**ことをあらためて教えられたわけだ。

人間が作った社会がその外の世界に接触し、自然環境にまで影響を及ぼすようになった今の時代を地質学的に人新世と呼ぶ。2011年3月11日に僕らはどこにいるのかをどれだけちゃんと考えられたのか? そこから10年が経ち、世界をコロナ禍によるパンデミックが覆い尽くすなか、復興五輪の名のもとで招致した東京五輪は、1年延期して福島から聖火リレーをスタートさせた。福島第一原発の廃炉作業の先行きすら見えないまま、安倍元総理大臣は「アンダーコントロール」だと宣言したのだ。完全にシステムのなかに閉じこもろうという態度だと思う。

Where you at? この問いに答えるための思考のヒントが、ヒップホップにはたくさんある。

言葉やシンボルをいくら並べても全体にはならない。だから、手元にある断片に喜びを感じる感性が大事だ

僕はヒップホップが好きだ。そして世界では毎日のようにヒップホップとは何か？　を巡る論争が繰り広げられている。誰かの作品がリリースされるたびに、誰かの発言がクローズアップされるたびに、あるいは過去の作品について、過去の発言について、過去のメディア露出について……題材はいくらでも有り得るだろう。

今、ヒップホップとしてこの世に存在する全てを知っている人は存在しない。例えばSpotifyで世界中のヒップホップというジャンルのもとにリリースされている曲を全て聴く試みをすればよい。物理的に一生ものだ。サブスクに存在しない楽曲も同数以上あるだろう。正式に発売されることもなかったデモやどこかの街の若者がiPhoneで録ったラップまで想像すれば容易に不可能性がわかると

思う。

音だけではない。YouTubeにも無数のミュージックビデオ、フリースタイル、ライブの映像が存在し、そこにはない映像も同様に存在する。そして、これを書いているまさに今もどこかの路上では新しいフリースタイルがなされ、どこかのクラブではＤＪが新しいプレーを聴かせ、曲に〝限らなければ〟ダンサーが新しいスタイルで踊り、ライターが壁に新しいピースを描いているのだ。〝限らなければ〟秒単位で増殖していく。それが現在のヒップホップである。当然、〝全体〟を知る人も存在しない。

それでも僕も含めてヒップホップの話は出来る。冒頭で僕がヒップホップが好きだ、と言っているがこれが偽りである、とは思わない。「これこそヒップホップだ！」という称賛も、「お前はヒップホップを知らない！」といったマウンティングもあちこちで発生する。全体を知らないにもかかわらず、みながその話が出来る。それが言葉の面白さでもある。これは果たして空虚なのか？と言えば、それも違う。それぞれにヒップホップの話をするときにはその人なりの実感は存在するだろう。なんなら初めてヒップホップを体験した人がこの感じ好きだ！と言ったときにも、そこに実感としてのヒップホップは存在していると思う。

ヒップホップのアイコンは多数存在する。ヒップホップを知りたければこれを聴いておけ！　とかこれだけ押さえておけばヒップホップはわかる！　という場合に紹介されるようなものだ。

グランドマスター・フラッシュ、ランＤＭＣ、パブリック・エナミー、ウータン・クラン、ナス、ドクター・ドレー、エミネム、ドレイク、ケンドリック・ラマー、あるいはニューヨークシティブレイカーズ、ラメルジー……。

視点によって面子は変わるだろうが、こうした名前はヒップホップのシンボルとして申し分ないだろう。**シンボルはたしかにヒップホップを代表する存在たり得るのだが、全体を表すことは出来ない。**ランＤＭＣを聴くことが今、まさにヒューストンの路上で行われているフリースタイルラップを理解することにはならないし、それを含むヒップホップ全体を理解したことにもならない。**シンボルをいくつ並べても全体にはならないし、いくらでもそれ以外のヒップホップが存在する。**

ヒップホップ全体を知らなくてもヒップホップの話が出来るのはなぜか？

それはさまざまな一瞬において「ああ、これがヒップホップだ！」と感じる実感にヒントがあると思う。

「たしかにヒップホップはこういうもののはずだ」と感じる一瞬。その一瞬は、例えばクラブでＤＪがターンテーブルの上のレコードをガシガシスクラッチしたとき、その場にいるみなが感じた〝かもしれない〟感情、出来上がったばかりの曲を再生する瞬間、描き上げたグラフィティを見上げた瞬間、初めてラップする子がマイクから初めての言葉を発した瞬間に去来するものだ。

ところが、これを「このイベントはヒップホップだった！」とか、「このアルバムがヒップホップだ！」とか、「この絵こそがヒップホップだ！」と言ったときすら、それは「そのもの」しか表さず、全体ではなく「そのもの」が表現する〝限り〟においてのヒップホップになってしまう。

だから、**あの一瞬、たしかに全体としてのヒップホップを感じたのでは？　と思える感性を持つこと、それがヒップホップ（カルチャー）に属しているる**ということだと思う。

ヴァルター・ベンヤミンが世界と寓意の話をする際の思考をヒップホップに当てはめて考えてみた。これはヒップホップを世界に置き換えても、サッカーに置き換えても出来る思考で、**言葉やシンボルが切り取っていくものとは何か？だったら全体とは何か？　を考えるとそのあまりの途方もなさに圧倒され、そして手元にそのわずかな断片でも存在することに喜びを感じることが出来る。**そして、あらためてヒップホップが好きだ、と言えるのだ。

環境は自分の心にも影響する。だから環境をコントロールする必要があり、コントロールするには知識が必要だ

人はすぐ不安になる。新しい感染症、新しい政権、新しい職場、新しい人間関係、新しい土地、新しい住所、生きている限り次々と〝新しい〟は登場する。ワクワクする人もいるし、なんとも思わない人もいるだろうが、〝新しい〟にとにかく不安を覚える人は多いと思う。

なぜ不安になるか？　それは知らないからだ。人は知らないもの、未知のものと遭遇すると不安がぼんやりと立ち上がり、広がっていく。不安は明確さに欠け、その大きさもわからないし、どれだけの期間続くかもわからない。不安がどこかから発生すると、あっという間に視界を覆い、あらゆるものを侵食していき、人は恐怖する。不安から逃れるために人は明確な何かを求め、発生原因を確定させようとする。

Knowledge Reigns

だが、明確そうであるという理由だけで飛びつくと、しばしば間違えてしまう。明確だと思ったものがボロボロで、すぐにも崩れ落ちるようなものだと、また別の明確に見えるものに飛びつく羽目になる。

不安から逃れるために必要なのは、知識である。知識は「知っている」と「知らないということを知っている」の二つの側面がある。明確そうである（が実はそうではない）ものは、「知っている」という点にのみスポットを当てて、ここに真実があると思わせる。そこには一片の事実はあるかもしれないが、大事なのは「ここから先は知っていない」という側面だ。**科学的根拠や経験に基づく「知っている」の部分と、だからこそここから先は「知っていない」という部分のバランスをちゃんと取る指針となるのが知識だ。「知っている」部分と「知っていない」部分を明確にすることが不安を解消してくれる。**

僕は脳梗塞で倒れた際、左目の視界がぼやけて見えないことに気づいた。それまでもたまにものが二重に見えたり、視界が少し赤みがかったりしていたが疲れ目と素人判断して誤魔化していた。20歳のころ、路上の喧嘩に巻き込まれ、顔面を何度も蹴られたことがある。このとき左目から流血していた。この後遺症が今ごろ出てきたのかもしれない、とこれまた素人判断していた。

この素人判断の背景には僕の不安と恐怖があった。視界に訪れた「新しい」状態に対して不安が芽生え、自分が納得する見掛け倒しの明確さに飛びついていた。

あえて言えば、ちゃんとした診察を受ける、という自分に対する知識の獲得から逃げていたわけだ。これもまた不安のなせる業だろう。

脳梗塞で入院したことで自分への向き合い方を強制的に変えることになった。一体自分に何が起きているのか？　不安が尽きない病床で、自分が知識を獲得しなければ不安から逃れられないことがわかったのだ。

素人判断ではダメだ。身体中の検査をしてもらうことで自分の病状をちゃんと「知る」。一方で、今後起こり得ることも含めて何を知っていないのかも把握しようと考えた。入院中は出された食事は全て食べる（最初の3週間は食べては全部吐いていたのだが）。提案された全ての検査を受け、その説明を聞き、少しずつ知識を獲得していった。

こうした経緯で考えたことは、社会の見方にもフィードバックされた。データを改竄《かいざん》したり、公文書を破棄したりする行為は、自らが属する社会に対する正確な知識の獲得を阻む。そして脆く、崩れやすい偽りの明確さが提示されるだけだ。

左目については最初は検査もなかった。3週間は三半規管の調子が戻らず、ずっと目眩がしていたからだ。目眩も落ち着いてきたタイミングで同じ部屋の人がつけていたテレビから「スター・ウォーズ全エピソード一挙放送！」というCMが流れていた。当時は6作品。病院で寝ているだけの僕は「よし、観よう！」と初めてテレビカードを購入した。病院のテレビは課金式のカードで視聴可能なのだ。気分転換にもなるだろうとワクワクしながらテレビをつけてエピソード1の冒頭シーン、宇宙空間での戦闘を見ていたらまた目が回り始めた。慌てて嘔吐用バケツを抱え直したが、どうも症状が違う。今回の目眩は、単純に視界がぐにゃぐにゃしたせいだった。目をパチクリして、左目の視界がぼやけているというか歪んでいるのがわかった。それまでは全身が気持ち悪くて気づかなかったが、嵐を抜けても視野がぼやけたままだったのだ。

症状を申告すると、すぐに眼科の診察を受けることになった。脳梗塞は血液がドロドロになり、血管のなかを傷つけ詰まらせてしまう病気だ。このドロドロの血液はさまざまな場所で問題を起こしていて、眼球に血液がちゃんと送られていなかった。人間の身体は不思議なもので、眼球に血液が送られないとなると勝手に新しい血管を作って送ろうとする。新生血管と呼ぶのだが、急拵えの血管なのですぐに切れてしまう。すると内出血を起こし、視神経などを傷つけてしまうのだ。次々と新生血管が出来ては壊れ、そのたびに眼球回りにダメージが及ぶ。
この状態は、先述した不安から逃れるために何かしらの明確さに飛びつく行為と構造的に似ていると思う。**急拵えで脆いものは、結局は助けにならないのだ。**治療としてレーザーで両目の新生血管を焼き払うことになった。何日かおきに眼科医のレーザー治療を受ける。ちょっとした鈍痛を伴うが、レーシック的副作用もあったのか右目の視力は少し回復した。ただ左目の視界は治らなかった。視界の中央部が真っ白で、これは視野欠損と呼ぶのだが……どこを見ようとしても中央が真っ白なのでまともに見えない。左目を開けているとこの白い部分が視界全体をぼやけさせてしまう。視神経は非常に細かく、まだ判明していないことが多いため、現在の医学では治療は難しいとも言われた。つまり、これからの僕は片目なのだ。

左目の視界を塞いでおかないと全体がぼやけるので僕は眼帯を探した。ここでも知識が登場する。片目という新たな領域、未知の領域に踏み込むわけだが、同時にすでにこの領域を体験している人が数多くいることも知っていた。僕自身は知らない、ということと、僕以外に知っている人がいる、ということ。僕はラッパーなので、ロンドン生まれ、ニューヨーク育ちのラッパー、スリック・リックを思い浮かべた。幼少期にガラスの破片で右目を負傷した彼は大きな眼帯をしていて、それが彼のトレードマークにもなっている。彼が参加した「ラ・ディ・ダ・ディ feat. スリック・リック」（１９８５年）は史上最もサンプリングされた曲とも言われている。

彼に続いて、伊達政宗、夏侯惇、ハンニバル、モーシェ・ダヤン、柳生十兵衛、ニック・フューリー、キャプテン・ハーロック、キング・ブラッドレイなど架空のキャラクターも含めた片目の人物が次々と僕を励ましてくれるようになる。自分に起こったことへの知識、そして今後を考える上での知識が僕の不安を解消してくれた。

僕は眼帯を身につけるようになると今度はデザインの幅が少ないことにも気づいた。僕のような症状の人が今後困ることがないよう、そして眼帯を身につける人が不安にならないようにかっこよくて可愛い眼帯をたくさん作って当たり前を変えていこう。そう思って僕は自身の眼帯専門ブランド「ORIGINAL GUNTIE KING」、略してＯＧＫを立ち上げた。今でも定期的に購入してくれる方がいる。GUNTIE と英語表記するとネクタイなどのタイとも類似していてアイパッチよりもファッション性が高くなるとも思った。こうした活動を知ってもらうことも知識の拡大に役立つと思っている。

ヒップホップにおいて教師の異名を取るラッパーがいる。ＫＲＳ・ワンだ。彼の名前はKnowledge Reigns Supreme Over Nearly Everyone（知識はほぼ全ての人の上に君臨する）の頭文字を取ったものとされている。16歳で家を出た彼は、ホームレスのシェルターで生活し、壁を叩いてリズムをつけながらラップしていた。社会における不条理、黒人として生きていく上での困難、市場や業界との関係といった課題に取り組む際に知識と思考を武器にすることを指針として掲げる。アーティストとしての彼のキャリアには紆余曲折があるが、**自分のいる環境は自分の心にも影響する。だから環境をコントロールする必要があり、そのために必要なのが知識であるという考え方は、僕が本書で書いていることに通底する意識**だ。当然、ここでは知識に基づいて自分がコントロール出来る環境とその外側に広がる世界を明確に認識することがスタート地点になる。自分がコントロール出来ない世界のなかにいることが前提だ。

KRS・ワンはかなり特異なキャラクターでぶっ飛んだ発想も多い。アメリカの黒人が遭遇する警官からの暴力をテーマにしたストレートなものや、黒人コミュニティの維持には友情が不可欠だと訴える曲、胡蝶の夢をモチーフにしてマリファナを巻いたジョイントになってさまざまなラッパーに吸われていく夢を見る曲まで幅広い。僕が思わず膝を叩いてしまったのは、気候変動に関する彼のラップだ。

「私は子供たちに船乗りの技術を教えている。なぜなら気候変動で海面は上昇

Knowledge Reigns

知識が心をガイドする

し、人類は船に乗らなければ生存出来なくなるからだ」

真剣にしてユーモラス、イメージすると楽しくもある。広大な「わからない／未知」の海を進む船は知識によって操舵《そうだ》される。舵を取れ。**知識が君臨すれば不安はなくなり、心そして航路は安定していく**のだ。

リアル
脱出ゲーム
SCRAP

自分で選べ！でも、
その選択肢は誰が選んだ？

選択が次の選択を呼び込む。選択を続ければ選択肢が載るテーブル自体を作り替えることも可能だ

1991年のヒットシングルにブラック・シープの「The Choice Is Yours（Revisited）」がある。ニューヨーク市出身のドレスとミスタ・ロングによるグループはネイティヴ・タンという一派に属している。80年代末に同じ一派のジャングル・ブラザーズ、デ・ラ・ソウル、ア・トライブ・コールド・クエストなどが相次いで作品をリリースし、ヒップホップカルチャーの可能性を大きく広げた。

さまざまなジャンルからのサンプルを組み合わせたパワフルでカラフルなサウンド、幅広い視点からの歌詞、独特のファッション。当初はアフリカ回帰というスタンスで、「我々はどこから来て、どこに行くのか」「我々は何者か？」というテーマも共通していた。

The Choice is Yours

ベルリンの壁崩壊、冷戦構造の終結、アメリカではレーガンからブッシュに政権が代わった時代。この変化の時代に鋭敏に反応したヒップホップアーティストが彼らだった。

世のなかは複雑で……とわかったように言えるが、東西冷戦下の国際社会では東西という陣営に帰属させることで多くの複雑さから目を背けることが出来ていた。極論、で、どっち？　という話に持っていけるわけだ。冷戦構造の終結は、特に西側陣営からはポジティヴに受け入れられたと思う。楽観的に考えれば、二つに分かれていたものが一つ（例えば民主主義）になる、程度の認識だったかもしれない。だが、実は二つに固定化していたさまざまな複雑さが一気に解き放たれたのだと思う。選択肢が東？　西？　の二つだけだったのが、アメリカ？　ロシア？　中国？　ドイツ？　南アフリカ？　サウジ？　インド？……北朝鮮の正式名称は朝鮮民主主義人民共和国だ。

「民主主義」というテーブルにさまざまな選択肢が載った、という意味でポジティヴな変化になり得たと思うが、本当にテーブルの上に全ての選択肢は載っているのか？　それこそ場合によってはキューバや北朝鮮が載っていない、シリアは？　パレスチナは？　あるいはバスクは？　スコットランドは？　選択肢はどうやって選ばれたのか？　その選択肢が載っているテーブルはどう用意されたのか？　こうした考証を逐一やっていくと大変な労力になる。これを引き受ける覚悟を含めて冷戦崩壊に対して人々は民主主義万歳！　と叫んだのだろうか？　この考証を逐一やる代わりに、結局人間社会は敵／味方図式を持ち込み、選択肢を減らして労力を省いてきた、とも言える。

　ではその敵／味方はどう選ばれたのか？　その敵／味方の前提はなんなのか？　米中、米民主党と米共和党、パレスチナとイスラエル、ＥＵとＵＫ、与党と野党、私たちとこんな人たち……ぱっと思いつく敵／味方図式だけでもたくさんあるが、本当にこの選択肢しかないのか？　この選択肢は誰が選んだのか？　この選択肢が載っているテーブルは誰が用意したのか？　この問いに向き合うのか？　敵／味方でよいのか？　このなかからは選択しない、という選択はあるのか？

選ぶ、という行為にはその前提の確認もついてくる。選ぶ、を選ぶのか？　まさにChoice is yours。

　ブラック・シープの歌詞では「従来のマッチョで強いヒップホップ」と「僕ら（Native Tongue）のような変わり者」どちらを選ぶ？　「男性優位、女性蔑視で暴力的な在り方」と「ナイスな交際関係」どちらを選ぶ？　と投げかけてくる。グループ名からして群れのなかの変わり者を意味しているのだが、この投げかけにはそもそもマッチョ感、女性蔑視が埋め込まれている男性優位社会という前提への疑問も含まれている。

The Choice is Yours

自分で選べ！でも、その選択肢は誰が選んだ？

選択肢が載っているテーブルそのものの作りのバランスが悪いのではないか？彼らの投げかけが変わり者からの提案に見えること自体への疑問だ。**選択が次の選択を呼び込むという意味では、選択を続けることで選択肢が載っているテーブル自体を作り替えることも可能だ。**この場合も、そもそも選択肢が載っているテーブルがある、という視点は必要だ。それと同時に選択肢を選んでいる主体は誰なのか？という点も考える必要がある。yoursと言われた主体だ。「私」だとして、その**「私」はどこにいるのか？テーブルに載った選択肢を選んでいる主体はどこにいるのか？**

目の前に選択肢がある。これが全ての選択肢なのか？このなかから選ばないという選択肢はあるのか？この選択肢を用意したのは誰か？この選択肢が載っているテーブルを用意したのは誰か？このテーブルのバランスはどうなのか？選択肢を選ぶのは誰か？選んでいる主体はどこにいるのか？

選択という行為だけでもこれだけの広がりを見せる。あまりに面倒くさいから二択で！あるいは誰かに決めてほしい！という欲求が起こるのも理解出来る。それも含めて**「私」という個人が決める。me, myself & I、「私」が選ぶ。その考え方を提示しているのがヒップホップだ。Choice is yours。**

スポットライトはどこを照らしているか？

スポットライトが照らす場所も、光の色も、操る側が決めたこと。色を変えることも、持ち手を変えることも、選択肢としてある

ここまで本書を読んで気づいた読者もいると思う。登場人物に男性が多い。これは僕個人の長期にわたるものの見方の偏りを反映している。たとえるなら僕は、スポットライトを持ってあちこちを照らしながらそこに現れるものを見ている。そのスポットライトの当て方はかなり偏ったものであることを常に意識する必要があるし、どこにライトを当てるかの選別にどういう意識が働いているか？も考えなければいけない。

ヒップホップはその誕生からして、アメリカ社会の文化のスポットライトを当てる場所を白人中心の視点から変えるという意義があった。これによってマイノリティに光が当たり、その発想が社会を変革するきっかけになっていった。

だが、**そのスポットライトを操っていたのはあくまで男性的視点であ**

り、その男性側の視点がスポットライトを当てる先を選んでいたのも事実であり、ヒップホップは長い間ミソジニーと向き合わずにきていた。ヒップホップ最初のパーティーはクール・ハークの妹、シンディーが制服を買う金を稼ぐために開かれたものだし、初期のダンスフロアでも男女問わず若者が集まって踊っている。１９７９年リリースの最初期のヒップホップレコード、タニア〝スウィート・ティー〟ウィンリー＆ポーレッタ・ウィンリー姉妹による「ライミン＆ラッピン」はラップの楽しさを伝える曲で翌１９８０年のタニアによる「ヴィシャス・ラップ」は社会的メッセージが込められたごく初期の重要曲だ。**ヒップホップの現場には最初から女性がいたが、男性側が操るスポットライトのなかに映り込んだ人たちだけが存在しているかのような印象を作り出し、それが歴史として記述されていく。**

各時代には、そんな男性が操るスポットライトにさえ映り込む強烈な個性を持った女性アーティストは常に存在している。裏方にはシルヴィア・ロビンソンやジャイブ・レコードのアン・カーリをはじめ、さらに多くの女性が存在している。ロクサーヌ・シャンテ、クイーン・ラティファ、リル・キム、ローリン・ヒル、ミッシー・エリオット、イヴと名前はいくらでも挙げられるが、近年のカーディー・Ｂやミーガン・ジー・スタリオンらの活躍ではスポットライトも女性が持つという明確な主張が見られる。これによりスポットライトを操る側であることに自覚もなく安穏としていた男性的視座のしょぼさ、狭量さもまた映し出されることになった。

カーディーとミーガンによる「ワップ」やミーガンの「ソット・シット」のビデオには、スポットライトを操る視点が変わることでどれだけ華やかで豊かな世界が広がるかが描かれている。**スポットライトを誰が操っているか？　という構造への気づきが表現に大きな幅を持たせている。**

スポットライトの色についても同じことが言える。例えば男性は青、女性は赤で照らされているとしよう。生まれたときからその色ばかりで照らされていればそれを当たり前だと思うだろう。周りからも男の子は青が映えるなどと言われ続ける。だが男の子でも青で照らされていることに違和感を抱いたり、女の子でも青で照らされたいと思う人がいてもおかしくない。さらに言えばそもそも他の色は有り得ないのか？　と思う人もいるだろう。このとき、この青、赤が自然光ではなく、スポットライトを操る側で決められたものだと気づけば行動は変わるだろう。スポットライトを操る立場に色の変更を要求するか、それともその立場自体を代わってもらうという選択肢も出てくる。

ＬＧＢＴＱ＋を巡る議論でも、誰がどこにスポットライトを当てていたのか？という視点は重要だ。ただスポットライトが当たっていないことで存在しないとされていただけなのではないか？　保守や伝統という話が、恣意的に当てられたスポットライトのなかだけの限られた範囲でのものだという前提で考える必要がある。

１９６９年６月27日にニューヨークで起きたストーンウォール暴動はＬＧＢＴＱ＋当事者による最初の権利闘争と言われている。この晩、ニューヨークのグリニッジ・ヴィレッジのクリストファー・ストリートで営業していたゲイバーのストーンウォール・インに無免許酒類販売の摘発という名目で警察が踏み込んだ。客が２００人ほどいる書き入れどきでの摘発に客は抵抗し、硬貨や瓶が警察に向かって投げられた。警察は普段からＬＧＢＴＱ＋当事者を侮蔑的に扱っていたのだが、それまでは当事者も面従腹背という態度を取っていた。ところがこの日、ＬＧＢＴＱ＋当事者は初めて警察に抵抗し、これが暴動へと発展する。このとき先頭に立ったのは特にドラァグクイーンたちだったと言われている。７月２日には特殊警察部隊まで投入され暴動は沈静化するが、ストーンウォールはＬＧＢＴＱ＋当事者にとっての象徴的な場所となり、１９９９年には国定史跡に指定されている。

この日、スポットライトのなかにＬＧＢＴＱ＋当事者が登場したようにも受け取れるが、そもそもグリニッジ・ヴィレッジは１９５０年代にはゲイ・コミュニティが発展していた。**婦人参政権成立のときに婦人たちが誕生したわけ**

ではなく、公民権運動のときに黒人が誕生したわけではないのと同様、それまでも当事者たちは存在しているし、それはゲイに関して言えば古代ギリシア時代まで遡ることが出来る（もっともこれは男性的視点で記述された歴史に基づく面が多いはずだ）。つまり、たかだか現代のスポットライトが当たっている場所だけを見て物事を判断するのがいかに狭い視野かがわかるはずだ。

ヒップホップカルチャーは前述した通り、男性的視点による男性らしさというスポットライトの当て方に無自覚な時代が長かったわけだが、2012年7月4日、グラミー賞受賞アーティストでもあるフランク・オーシャンが公開書簡という形で、自身のバイセクシャリティについて言及したことでスポットライトの持ち手が変わった。多くのアーティストが彼を支持し、彼の行動、スポットライトの持ち手を変えるようなアクションこそがヒップホップ本来のエネルギーに基づくものであると評価された。

2016年のバリー・ジェンキンス監督作品映画『ムーンライト』は直接的にヒップホップを扱った作品ではないが、こうしたヒップホップカルチャーのライトの当たり方の変化を美しい光とともに描いている。

僕らを照らしている、そして僕らが照らしている光は何を映し、何を映していないのか。人間が世界全体を知ることが出来ない以上は常にスポット

The Light

スポットライトはどこを照らしているか？

ライトの当たった範囲のみを認識せざるを得ない。でも**そのライトを動かし、持ち手を変え、色を変えることが出来るという選択肢を持っていれば常に目の前にあるもの以外への想像力も持てる。**コモンの曲、「ザ・ライト」のサビでは、君が誰かを必要としているときはそばにいてあげるよ、君と僕を照らす特別な灯りが常にあるんだ、と歌われているのだ。

スタイルを持つことと
ビートがもたらす共通感覚

ラップを通じて、所属集団それぞれの体験のトリガーが引かれて理解に繋がる。これこそが、「共通感覚」の可能性

The original。**ヒップホップでは繰り返しオリジナルであることが要求される**。オリジンは源流、派生する場と考えれば常にそこに依拠する存在であれ、とも言える。ヒップホップカルチャーの住人は個としてオリジナルである、という前提のもと、**所属集団つまり同じ地元、同じクルーという単位でもオリジナルであることが大事**だ。

スタイル、流儀とも言えるが、ヒューストン流、クリーヴランド流、ウータン・クラン、ネイティヴ・タン、日本だと「秘密のケンミンSHOW 極」のような番組がイメージしやすいかもしれない。そこにいる個々人のラッパーやDJの個性とは別に、集団としての個性も有している。ラップのやり方、リズムアプローチ、ライブやビデオでの振る舞いなどにもこうした個性は顕著に現れる。

The Style

今日、世界中で多様性が叫ばれている。多様性は個性を前提とし、その個性に基づいた多様な視座が存在する様を言う。21世紀の一つのキーワードが多様性だろう。その背景には資本主義体制における民主主義社会の限界に基づく分断がある。排外主義に対するカウンターとしても多様性を訴える声は大きい。人種差別、性差別、宗教差別をはじめとしたさまざまな差別。20世紀を経ても人類はこうした問題を解決することが出来ず、グローバリズムは加速し、そのスピードに社会環境が追いついていない。人類社会は広くなりすぎ、そして速くなりすぎている。

多様性を巡る議論で必ず出てくるのが、「じゃあ、どこまで範囲を広げるのか？」という境界設定の問題だ。「ここでは多様性が認められています」という「ここ」はどこなのか？　再分配の議論にしてもそうだが、「どこまで？」という範囲を決定しなければ「どこまでも」広がる。かといって、ここを境界にします、という決定は誰が、どのように行うのか？　そして、境界を設定することでそこに差別と排外主義が生まれる土壌も出来てしまう。境界を地方自治体、国、あるいは大陸……どのレベルに設定したとしても境界のなかの人と外の人が生まれてしまう。

多様性は認めるけれど、ここからここまで、ですよ！　という話に果たして説得力はあるのか？　リチャード・ローティが90年代には指摘していたように、この多様性は常に「席が余っている」状況、余裕を前提として議論されてきた。成長・拡大の神話が信じられていたうちは必ず新しい席が出現するからそこに座ればよかった。ところが、地球はすでに埋め尽くされ、経済成長も停滞してくると新しい席は作れなくなる。こうなると必ず「お前の座っている椅子はもともと私のものだ」、あるいは「自分が座るべき椅子を奪われた」という発想に繋がる。

こうしたグローバル化に伴う課題を考えるときは、スケールを一度身近なものにする必要があると思う。それこそ地域コミュニティレベルのスケールで、共通のプラットフォーム作りを意識し、そのなかでの多様性を確保する。その際のキーワードとなるのが共通感覚だ。顔の見える範囲、それぞれの暮らし向きがわかる範囲で伝わる言葉や所作、そうした共通感覚の存在を再認識していく。個々人にはさまざまな差異があっても、同じ場所にいると意識する。

地域のスラング（方言）を考えるとわかりやすい。僕はヒップホップミュージシャンなので、ラッパーが用いるスラング、言い回しで出身地や所属集団がわかる。アトランタ、ヒューストン、ニューヨークのブルックリン、ロサンゼルスのサウスセントラル（現サウスロサンゼルス）……それぞれの地域のラッパーが所属集団のオリジナルスタイルを使用することで自身のプラットフォームを〝レペゼン〟(represent)する。

ニューヨークの民主党議員、アレクサンドリア・オカシオ・コルテスはスピーチのなかで、ニューヨークの一部であるブルックリンの名前を出すときには、地元のスタイルで発音をする。この行為は非常にヒップホップ的だ、と感じたが、地域のスタイルを理解していると示すことで自分がどのプラットフォームに立って発言しているかを明確にするのだ。

さて、これだけだと境界線のなかで話は終わってしまう。こうした地域のプラットフォームを互いに作り、そのなかで共通感覚を形成した上で**「自分たちの共通感覚があり、自分たちのプラットフォームがある以上、彼らの、彼女らの共通感覚もあり、プラットフォームもまた存在する」という意識を持つ**。こうしたプラットフォームがさまざま、大小に存在している状態がパブリック(公的)なプラットフォームとなり、それを前提とした共通言語がパブリックな共通感覚となる。そのパブリックなプラットフォームをグローバルなレベルで前提として考えることでグローバルな共通感覚が浮かび上がってくる。といっても、このレベルをちゃんと意識するのは困難なので、自分の体験している感覚を他でも似たように持っている人がいるだろうと常に想像していくしかない。

この思考法は、宗教や政治思想に置き換えてもイメージ可能だ。こうしたオリジナリティは境界、プラットフォームの確立のためのツールであり、それぞれのプラットフォームを繋ぐツールでもある。**世界はそもそも無秩序なカオスであり、でたらめであるのは自然災害を見てもわかる。そのなかに、かりそめの秩序、かりそめのプラットフォームを作る、というのが人間の社会であり、そのために必要なのが共通感覚だ。**

ロサンゼルスはギャングの首都と呼ばれるくらい、多くのギャングが存在する。赤を基調としたブラッズ、青を基調としたクリップスといったアフリカ系アメリカ人のギャングが有名だ。デニス・ホッパー監督の映画『カラーズ　天使の消えた街』で見ることが出来るが、それぞれに特有の色、ハンドサイン、タトゥー、服装、スラングがある。ブラッズ、クリップスのなかにもさまざまな集団が存在し、それぞれに独特の共通感覚に基づくスタイルがある。街のブロックごとにギャングが存在するくらいだ。

ブラッズとクリップスは敵対関係にあるのだが、ブラッズ同士、クリップス同士でも揉めることもあるという。こうしたギャングとの関連をレペゼンするラッパーは、アルバムジャケットの色や服装でそれを示している。ロサンゼルスの人

The Style

スタイルを持つこととビートがもたらす共通感覚

気ラッパー、スヌープ・ドッグは高校生のころ、クリップスのメンバーであり、青を好み、クリップス特有のダンスであるC-WALKを披露する。同じくロサンゼルス出身のザ・ゲームは兄の影響でブラッズをレペゼンし、赤で固めている。ギャング同士は激しい抗争を繰り広げていて、しばしばラッパーもまた巻き込まれていくのだが、ときにはヒップホップが抗争を止める役割を果たすことがある。前述のそれぞれの所属集団を包括する共通感覚としてヒップホップが機能することがあるのだ。

1990年にはアメリカ西海岸の代表的ラッパーが一堂に会して、暴力反対をテーマにした「We're All in the Same Gang」という曲をリリースしてグラミー賞にノミネートされた。その後、ブラッズとクリップスのメンバーがそれぞれラップで参加する「Bangin' on Wax」シリーズが発表されている。

ラップ自体は過激な内容なのだが、仲間との絆や仲間の死といった体験はそれぞれに共通しているという気づきがラップを通して与えられている。ロサンゼルスで数が増えているラテン系チカーノギャングとアフリカ系アメリカ人ギャングの間で緊張感が高まると、スヌープ・ドッグは「VATO」という曲でラテン系ヒップホップのヒーロー、サイプレス・ヒルのメンバーB・リアルと共演し、ミュージックビデオにそれぞれのコミュニティのメンバーを出演させて融和のメッセージを出している。

ヒップホップの基本はビートだ。ビートを感じ、その上でラップ、ダンス、グラフィティといった表現がされ、それに基づいた生活のリズムが築かれる。ヒップホップにおいてDJが何より大事なのは、このビート、つまり土台を提供する存在だからだ。ヒップホップにはそれぞれの時代の音が存在するが、**カルチャーに身を置く者ならばクラブの爆音で見ず知らずの隣の人が自分と同じように首を振りながら身体が反応する感覚を知っているだろう。これこそが共通感覚だ**（もっとも商業化が進んだ結果、このビートのトレンドがカルチャーから自然発生するものと人為的に拡大されるものが混じってきているのが21世紀の特徴だが、それは別の場で語ろう）。

ヒップホップはビート感を共有することで上下、横だけじゃない立体的イメージの世界観をリズムでまとめあげる。その上で展開するラップを通じて所属集団それぞれの体験のトリガーが引かれて理解に繋がっていく。この思考法が示す可能性こそが、21世紀の「共通感覚」ではないだろうか？

The Style

スタイルを持つこととビートがもたらす共通感覚

踊るためのリズム、ビート、何より踊るための場所があること、それが文化

2016年6月23日、改正風営法が施行された。何が変わったか？　一番大きな変化は客にダンスをさせる営業に関しての規制の見直しである。

風営法とは、風俗営業等の規制及び業務の適正化等に関する法律の略称だ。戦後間もない1948年、ナイトクラブでは男女がダンスを楽しんでいたが、同時にそこは売春の温床にもなっていた。そこで売春そのものではなくダンスをさせる営業の方に規制をかけたのが始まりだ。法律自体は時代とともに形骸化していたが、1982年に新宿歌舞伎町ディスコナンパ殺傷事件が起こる。歌舞伎町のゲームセンターで男にナンパされた女子中学生二人がディスコなどに寄ったあと、千葉県で一人が殺害され、一人が軽傷を負った事件だ。この事件の報道をきっかけにディスコは若者の犯罪の温床と言われるようになる。風営法により深夜

HOO! EI! HO!

営業をするディスコ業者への取り締まりは強化され、１９８０年代の日本のバブル経済の夜の象徴のようなディスコは徐々に姿を消していく。

この状況を受けて１９８６年に近田春夫がプレジデントＢＰＭ名義で、「Hoo! Ei! Ho!」を発表している。「今世紀最後の禁酒法ってことさ」「ドアだけ閉めときゃバレないさ」と歌う曲はナイトカルチャーを取り締まる馬鹿馬鹿しさをからかうノリだ。

ディスコが姿を消してから渋谷などに現れたのがクラブだ。ベルファーレのような派手な場所と入れ替わるように、よりも隠れ家的でギラギラよりもゆらゆら、尖っていてもまったりするような空間があちこちに出現する。これも深夜営業なので風営法的には違法だ。世界的にクラブミュージックが発展していたのに合わせ、テクノ、ハウス、ヒップホップやレゲエからレアグルーヴまでいわゆるヒットチャートとは異なる文脈の音楽がかかっていた。

僕は16歳のときに同級生と一緒に「恵比寿みるく」というクラブに行った。そこではロシアのＳＭショーがガンガンのテクノサウンドのなかで繰り広げられていた。目眩のするような幻惑の世界だったが、幼い僕らは長居出来なかった。そのあとも友達とクラブに遊びに行っていたが、まさか違法だとは全く思わなかった。クラブサウンドは世界共通言語でもあり、日本にもナイトカルチャーは当たり前に存在するものだと思っていたからだ。

ところが1995年に阪神淡路大震災と地下鉄サリン事件が起こるとまた社会の空気が一変する。街からはゆらゆら楽しむような余裕はなくなり、日本社会は急速に内向きに冷え込んでいく。そんななか、1998年にYOU THE ROCK★が「Hoo! Ei! Ho!」をカバーする。彼のルーツである近田春夫のラップスタイルに再び脚光を当てるのが意図だったと思うが、発表されたのはクラブが社会の地下に潜っていくタイミングでもあった。YOU THE ROCK★は同じアルバムの曲で「キープオンダンシング!」と連呼していた。

僕は、2000年にデビューして以降、クラブでのライブ活動がメインだった。相変わらず違法性には無自覚で生活のルーティンも深夜中心になっていた。友人もパートナー(今の妻)も仕事相手もクラブで出会っている。2010年に僕が脳梗塞で倒れたのもクラブで、周りに人がたくさんいたから命が助かった。僕は文字通りクラブに命を救われた存在だ。

だが2012年4月に大阪のクラブヌーンが風営法違反で摘発されるとクラブを巡る環境は急変した。大阪のみならず東京のクラブも次々と摘発されるようになる。警察はマスコミのカメラを伴って摘発し、クラブの違法性を訴えるキャンペーンも展開した。風営法による摘発は加速する一方だった。

僕はこの問題を扱ったテレビ番組に出演したことがきっかけで知り合った、齋藤貴弘弁護士らが主催するアーティストの勉強会に出席し、そもそも論から話を聞いた。そこで超党派のダンス文化推進議員連盟が立ち上がり、近々にヒアリングがありダンス業界が集まって陳情することを知る。

風営法はクラブのみならず社交ダンス、ダンススポーツ、ブラジリアンダンス、サルサといった多種多様な「ダンスをさせる営業」に規制をかける法律だ。そうしたダンス業界の団体が陳情するのだが、クラブシーンにはそうした団体は存在しなかった。そこで勉強会に集まっていた有志十数名で急遽団体を立ち上げることになる。それが「クラブとクラブカルチャーを守る会」だ。会長にはZeebra、副会長にはコールドフィートのWatusi（当時）、弁護士たちが法律面でサポートしてくれて僕は広報担当になった。

急拵えの団体なのでそもそもクラブシーンの総意を代表するものではない。順序は逆になったが、議連への陳情をもとに今度は都内のクラブ事業者に集まってもらって説明した。法改正には国会議員の協力や行政、警察との交渉は不可欠でそのための窓口としての業界団体が必要だ。ただ看板があるだけではダメで、実態として業界を代表する団体だ。

ところが現状、風営法のもとではクラブは違法営業をしている。事業者が名乗り出て交渉に直接当たるにはリスクが大きい。そこで直接営業はしてないが、普段からそこで活動しているアーティストが中心になって交渉を担当することになった。

これに賛同してくれる事業者もいたが、当然違う考え方の事業者もいる。そもそもクラブを経営するにあたって独立独歩、行政の干渉も極力避けるスタンスの事業者がいるのは理解出来る。ただ、僕は前提としてナイトカルチャーが育まれるためには場所が必要で、そこに法律で規制をかける考え方自体を変える必要があると感じていた。いったん文化としての価値が認められれば、さまざまなスタンスで営業していくことが可能だと思ったのだ。

近田春夫の言う「ドアだけ閉めときゃ」のドアに違法クラブではなく、ナイトカルチャーという名札が貼られている状態。その上で文化、芸術には国家権力は干渉しないという考え方が社会に通底されれば、少なくとも欧米のようにカルチャーが醸成される可能性はある。これは特別な話ではなく、国際標準にすぎないのだが……この時期、僕は広報としてクラブ摘発が報道されるたびにテレビカメラの前に出て喋った。その際、イメージが大事だという会の意見を聞いて眼帯も外し、ワイシャツを着た。ある種の成りすましだ。

僕はこういう機会で話すときは常にテーブルの話をした。街には昼も夜もあり、さまざまな人が生活し、遊び、行き交っている。その街の明日のイメージを一緒に考えるテーブルをイメージする。そこに住民、行政、事業者が一緒に座る。それぞれの立場も意見も違うだろうが同じテーブルに座ることが大事だと話した。そのテーブルを作る努力をクラブ業界が担い、そしてそこに座るために必要なことを考えていく。

クラブへの苦情で最も多いのは騒音だ。クラブ業界側でも自主ルールを作り、騒音対策や年齢確認、周囲のゴミ問題などに対応していることを告知する。会では定期的に渋谷の円山町での早朝掃除も行った。夜の街を綺麗にして朝に返す。同じ街で生きていることを示すメッセージでもある。

ちなみに実際に掃除してみればわかるが、クラブ由来のゴミよりもタバコのポイ捨てやコンビニゴミが一番多い。でも、そこで営業しているという責任で周囲の道路を掃除する。これは渋谷のクラブはそれぞれに行っていて、渋谷区とも連携するようになっていく。

クラブ文化が進んでいるアムステルダムのナイトメイヤー、ミリク・ミランが来日したときには僕が会いに行った。ナイトメイヤー、夜の市長はアムステルダムにおいてクラブやバー、レストランなどの夜の街の文化、経済を代表する窓口として行政と交渉する役割だ。投票で選ばれ、行政と業界の橋渡しを担っている。こうしたポジションが存在すること自体、社会が文化という前提を共有していることの表れだ。

ミリクは、アムステルダムでナイトメイヤーの国際サミットを企画しているから、来て議論を聞いてみたらどうか？　と言った。僕は最初は一人で行って話を聞くつもりでいたが、せっかくなので日本の状況を訴えて国際的な賛同を得た方がよいのでは？　と思いついた。

そこでミリクに直談判してZeebra の10分間のスピーチをなんとかプログラムにねじ込んでもらった。サミットにはアムステルダム、ベルリン、チューリッヒ、ロンドン、パリ、マドリードやボンベイ、サンフランシスコなどのナイトカルチャーを代表する人たちが集まっていた。Zeebra は見事なパフォーマンスを発揮し、会場を大いに沸かせた。日本の風営法の問題点を指摘し、東京を国際的なナイトカルチャーにエントリーするための協力体制を築こうと話した。僕はさまざまな都市の施策をヒアリングしてレポートをまとめた。ここでのパフォーマンスがきっかけでベルリンで開催された第2回のサミットにもZeebra と呼ばれた。ベルリンでは市がクラブを観光資源と考えて予算も充てている。クラブコミッションという大きな組織が市全体のヴィジョンの一翼を担っていた。ベルリンのクラブの圧倒的な楽しさには感動を覚えた。

今度はイスラエル外務省がサミット全体を招待してくれてテルアビブで第3回サミットも開催された。ここではテルアビブがいかにリベラルかという外交キャンペーンに参加する形で、外務省の観光ツアーにも参加した。こうしたキャンペーンはパレスチナ問題などを隠蔽する側面が強く、話を聴きながら複雑な思いもした。テルアビブのクラブのオーナーはよい奴だったが、軍人出身のオーラがあった。このあと、第4回がまたベルリンで開催される。

会として参加したのはここまでだが、僕は各都市のナイトメイヤーとは連絡を取り合い、その後は、ブリュッセルなどで開かれた際には個人として参加した。風営法改正に関わったことでいろんな都市の知人が出来たのがうれしいが、社会が文化を共有しているかどうか？　という前提部分の日本との違いを痛感する場面も多かった。

法改正に関する動きは、さまざまなダンス業界の方々と共闘する意味でも違う価値観や文化を知るきっかけになった。クラブヌーンの摘発をきっかけに始まったレッツ・ダンスの署名は15万筆という数が集まった。これには社交ダンス業界の多大なる協力がある。

そして東京五輪の招致が決まったことで行政のムードが明らかに変わった。インバウンドという言葉が飛び交うなか、ナイトタイムエコノミーという観点からクラブなどの深夜規制を疑問視する声が上がるようになる。ダンス議連の会長は自民党の小坂憲次議員。自身も社交ダンスの愛好家でヒアリングでもよく話を聴いてくれ、さらにクラブの視察にも来てくれた。

小坂議員は惜しくも逝去され、その後は幹事長だった秋元司議員が精力的に旗を振るようになる。僕は常に権力には批判的なスタンスなので、会のなかでの立ち位置も微妙になっていた。僕自身は国民の権利として言うべきことは言うし、お願いすることはお願いする。でも同時に僕らは人間でもあるので、感情的な面が大事なのも理解している。行政にいろいろとお願いする立場だ、と考える人にもリアリティがあるのだ。

風営法改正は結局、閣法という形で内閣主導で決まり、ＩＲ法案などとともに成立する。改正後も立地規制など課題は多いが、少なくとも深夜にダンスさせる営業が違法だという考え方は法律からはなくなった。秋元議員は、のちにＩＲを巡る疑惑で逮捕されるが、風営法改正に関しては彼の働きなくしては実現していない。彼の人となりや風営法以外の仕事はわからないが、僕は当時を知る人としてそれは断言する。そして東京五輪招致も然り。僕のスタンスがある人から見ればこいつ何を言ってるんだ？　と思われるのはたしかだろう。それでも社会が文化を共有するきっかけになれば、そして社会の二重性を前提として法のなかに「ドアだけ」確保出来れば、と僕は思っていた。

だが、例えばあいちトリエンナーレでの補助金不公布に対する世間の反応、そしてパンデミックに突入した社会で、ライブハウスやクラブが直面した状況からは、とても文化の共有などされていないことがあらためてわかった。

パンデミックでのライブハウスなどの窮状を支援する、Save Our Space の活動には風営法改正でも活躍してくれた藤森純弁護士が関わっている。文化の価値を認めてもらうという同じテーマを今も訴えている。ただ、今度は「ドアだけ」

どころかドアを含む建物ごと潰されてしまう局面に立たされている。

踊るには踊り場が必要であり、そして踊るためのリズムが、ビートが必要だ。それを文化と言う。踊りませんか？

社会は一つのレイヤーにすぎない。外にはまた別の掟のレイヤーがあることをギャングスター・ラップが教えてくれる

世界をどう認識するか？　僕のイメージでは、自然界も含めた世界の上には社会という薄いレイヤーが被《かぶ》さっている。社会というレイヤーで人間は生活し、秩序は法によって規定されている。法は大規模定住社会が成立する過程で物資の配分、財産の継承などのために生まれた。人が生活している場が世界そのものではなく、社会というレイヤーにすぎないのは、国や地域によってこの法が違っていることからも意識は出来るが、抜け出すのは容易ではない。

法の外にいる存在、それは文字通りアウトローだ。だが正確にはアウトローも社会の外に抜け出しているわけではない。同じ社会で生活はしているが、彼らは同時に彼ら独自のレイヤーを生きている。こうしたアウトローのレイヤーは、法律とは別のルールで規定されている。これは法と区別する意味で〝掟〟と呼ぶ。

Gangsta, Gangsta

法で規定されるレイヤーと、掟で規定されるレイヤーが二重になっている状態を生きることでレイヤーそのものを認識し、相対化し、距離を取ることが可能になるのだ。

アウトローの行動原理は、法律に従って社会生活を送ってはいるが、いざとなればいつでも掟のレイヤーを優先させる。アウトローの経済活動は社会のなかで利用する財を作るためであり、その手段においては法の外に出ることを辞さないのだ。法が社会の秩序維持のためにある以上、こうしたアウトローの存在は社会秩序を脅かすものなのは間違いないが、同時に社会というレイヤーの存在を教えてくれる。

法では守れず、社会というレイヤーからこぼれ落ちてしまった人へのセーフティーネットとして機能する点も重要だ。芸能も二つのレイヤーを繋ぐ役割をずっと果たしている。古来、芸能は社会のなかで披露されるが、それを披露する人たちは外からやってくる。実際、アウトローが興行やマネジメントを務めてきた。

日本では暴力団対策法などの取り締まりが厳しくなり、社会のなかのアウトローが可視化されない（存在しないわけではない）方向に向かっているが、1970年代に人気を博した深作欣二の『仁義なき戦い』シリーズ、コッポラの『ゴッドファーザー』シリーズ、1980年代のデ・パルマの『スカーフェイス』や北野武作品など、人気映画では常にアウトローは描かれてきて、その存在はさまざまな気づきをもたらしてくれる。2020年に日本で公開されたブラジル・フランス映画『バクラウ　地図から消された村』は二重のレイヤーを生きる人々の生き様を描いた傑作だ。

ヒップホップも誕生から一貫して法の外を指し示してきたが、それが顕著になるのはギャングスター・ラップの誕生以降だ（ギャングスター・ラップという呼称自体はメディアに作られたものでラッパーのなかには忌避する者もいるが、ラップの表現形態として直球でわかりやすいのであえて使用する）。

1985年に発表されたフィラデルフィアのラッパー、スクーリー・Dの「P・S・K・ホワット・ダズ・イット・ミーン？」は史上初のギャングスター・ラップと言われている。雷鳴のような物凄い響きのキックドラムの音に続いて細切れに連打されるハイハット、ナイフのように鋭利なスネアが鳴るドラムパターンはそれ自体が凶悪そのもの。これは地元のクラシック用スタジオで録音され、そこにあった巨大なリバーブを使用した効果だ（ちなみにスクーリー・Dの仲間たちはこのスタジオのマイクなどを大量に盗んでいったという逸話もある）。

この上に乗るラップ、曲名はスクーリー・Dが所属していたギャング団パーク・サイド・キラーズの頭文字を意味していて、内容はそんな彼らの日常のノリをぶっきらぼうに体現したものだ。歌詞の内容ではなくノリそのものがアウトローの所作であり、聴いた人はそのノリを通じて彼らの住む、別の掟で動くレイヤーを感じ取ることが出来るのだ。

この曲がアメリカ各地のアウトロー、ギャングが身近にいる人々に気づきを与える。この世界を知っているぞ、こういう奴らのことを知っているぞ、こういうことをラップしてもよいのか！　曲のインパクトは西海岸、ロサンゼルスに伝わり新たな広がりを見せる。１９８６年のアイス－Ｔの曲「６イン・ザ・モーニング」ではノリだけではなく歌詞の内容そのものがギャングスターの人生を描写している。朝、警察に自宅を襲撃され逃走し、仲間と合流、途中女性に暴力を振るい、機関銃と手榴弾の所持で逮捕、７年の刑期を務めて出所してから女衒稼業に勤しみながら銃撃戦に巻き込まれ、また逃亡する……スケールがでかく映画のシナリオのようだが、まさに法外の理で行動する男について歌われたこの曲が大ヒットする。

そしてカリフォルニア州コンプトンからは世界で最も危険なグループと評されたN.W.Aがついにデビューする。N.W.Aはニガーズ・ウィズ・アティテュードの略で、言ってみれば態度の悪い黒人だ。ファンキーで荒々しく、街の喧騒をも飲み込んだような音を作り上げたドクター・ドレは、その後、何度もヒップホップの音楽レベルを上げていくことになる。ラッパー、アイス・キューブは類稀なる作詞能力とラップ技術で一気に人気を獲得し、俳優業でも大成功する。

だが、何よりもこのグループの危険度を一気に上げた存在はリーダー格のイージー・Eだ。彼はもともとラッパーですらなく、アイス・キューブやDOCといったメンバーに提供された歌詞を歌うだけなのだが、その語り口に漂う凄みは一瞬にして空気を変えてしまう。イージー・Eのラップには、スクーリー・Dのノリとアイス－Tの描写、双方のアプローチがミックスされていた。そのラップが聞こえてくるとその場にホンモノがいる、という空気が流れるのだ。

このホンモノというのは**社会や法が一つのレイヤーにすぎないという気づき、恐怖を与えてくれる存在**だ。アイス・キューブはN.W.A の音楽をリアリティ・ラップと表したが、これは彼らの地元コンプトンのリアリティを歌っているという意味以上に、世界の在り方のリアリティをリスナーに直感させる点でズバリなネーミングだと思う。

そして、そのN.W.A の代表曲が「ファック・ザ・ポリス」だ。この曲で彼らは堂々と社会と法というレイヤーに唾を吐きかけ、自分たちの掟、コンプトンの掟こそが行動原理だと宣言している。重要なのは、この曲がレコードとして一般に流通され大ヒットしたことだ。曲自体のかっこよさはもちろんだが、**社会というレイヤーのなかで商品として流通しながらその外側を指し示す、曲の存在自体が二重性を持つことで、相対的な視点をリスナーに提供してくれる**のだ。**掟のレイヤーを具体的に指し示すファッションやギャングのハンド・サイン、スラングやダンスは、ヒップホップの楽曲やビデオ**

Gangsta, Gangsta

法律と掟

を通して社会に還流し、脈を打つ。

N.W.Aが成し遂げた業績は、その後、世界中のラッパーに影響を与え、さまざまな地域や都市で社会と法というレイヤーとは別の、それぞれの掟に基づくレイヤーの存在がラップされるようになる。ロサンゼルス、ニューヨーク、アトランタ、ヒューストン、リオ、ロンドン、パリ、ケープタウン、川崎、西成……

人は、どこでも社会のなかで生活しているが、同時にそれは一つのレイヤーにすぎず、その外にはまた別の掟のレイヤーが存在しているという多層的な世界観がギャングスター・ラップによって広く知られるようになった。これは「よきこと」だと僕は思う。

新しい選択肢を模索したニプシー・ハッスル。用意された前提の外側を走り続ける姿が、継続者に新たな選択肢を与えた

2019年3月、ラッパーのニプシー・ハッスルが自身の経営するアパレルショップの前で銃撃され死亡した。このニュースは世界のヒップホップファンに衝撃を与えた。**ニプシーは、ヒップホップという在り方こそが社会及び今後の社会を築いていく若者に希望をもたらすことを教えてくれていた**からだ。もともとロサンゼルスのサウスセントラルで生まれた彼は、両親の離婚後、祖母と暮らしながら地元のギャング、ローリン60's に若くして所属、ストリートの金の稼ぎ方（ハッスル）を身につけた。そこで稼いだ金を音楽設備に丸ごと注ぎ込み、18歳で自身の音楽レーベルを立ち上げ、そこから作品を発表する。彼がメジャーレーベルからリリースするのは13年後だ。

Do The Right Thing

これだけ時間がかかったのは、彼が自分の作品のクリエイティヴと売上をコントロールすることを前提に交渉を進めていたからだ。**既存の経済圏の外側に出ることが大事であり、レコード会社の奴隷になる必要はない**と彼は主張している。**ポイントは選択肢だ。**選択肢がないと思い込まされている状況が人を不幸にする。常に選択肢は存在するし、それは提示されたものに限らない。提示された選択肢にないものはその外側にあるし、自分で作ればよい。

人生とは選択の連続だが、その選択肢を狭めることで人は社会にコントロールされ、閉じ込められる。彼はレコード会社の提示する選択肢の外側を常に意識し、それを選択し続けた。自身のレーベルから自分が決めた形態（例えば特典付き個数限定の希少盤など）で作品を発表し、それで成功を掴んだ。**レコード会社に所属し、提示された条件で契約を結ばないと音楽業界で成功出来ないという閉ざされた思い込みの外側を見せた**のだ。

ニプシーは、マイノリティの若者が選択肢がないと思い込む原因が教育にあると考えた。彼自身はコミュニティカレッジで語学、哲学、心理学を学んでいるがこれも自らの環境で選択肢を作るために必要だと考えたからだ。彼は自分の育った地元の若者がＳＴＥＭ教育（サイエンス、テクノロジー、エンジニア、マスマティックスの教育）を受けられる施設を開設し、選択肢の幅を増やすことを若いうちから学べるようにした。同時に、アメリカ社会における暴力や犯罪もまた選択肢を狭める要因であると考え、地元のロス市警との話し合いを進める場も作っている。音楽業界に限らず、経済的な自立が選択を広げることに繋がる。ニプシーはブランドを立ち上げ、自身が育った場所にアパレルショップを作り、地元の雇用を促進している。こうして何もなかった地域が一つの経済拠点へと発展した。

ニプシーは自身の活動をマラソンと表現し、常に走り続ける＝選択を続けるイメージを更新し続けた。デビューから13年後に発表されたアルバムのタイトルは「ヴィクトリーラップ」、ウィニングランだ。彼はマラソンを走り続け、自身の、そして周りの選択肢を増やし続けて勝利を宣言した。このアルバムはグラミー賞にもノミネートされている。彼が銃撃を受けて死亡したのは、自身の店の前。店名は「マラソンクロージングカンパニー」だ。訃報を聞いたラッパーやDJら音楽関係者、ファンは悲しみに包まれたが、彼の走りを継承していくことを決意する者も多かった。

アメリカ社会でマイノリティとして生まれ、両親が離婚し、若くしてギャングとして活動する。多くの人は、そんな人物の人生は決まっていると思い込む。だが、**彼はヒップホップと出会い、社会から提示された選択肢以外の選択**

Do The Right Thing

選択肢の外側を走り続けた男

を模索した。用意された前提の外側を走り続ける姿が、多くの後続者に新たな選択肢を与えたのだ。

１９８９年に発表されたスパイク・リー監督の映画『Do The Right Thing』はのちのロス暴動を予見したような内容だ。ニプシーが育った地域はロス暴動の中心的な地域でもあった。彼が成長していく過程で経験したことがきっかけとなり、ニプシーは自分にとって、自分のコミュニティにとっての「Do The Right Thing」をするようになる。

ところがニプシーが悲劇の死を遂げた翌２０２０年、ジョージ・フロイドは劇中のキャラ、レイディオ・ラヒームのように警官により窒息死させられてしまう。何度も繰り返される構造に多くの人は怒り、悲しんだ。でもニプシーが走り続けたその先には、この構造の外側に出るヒントがあったはずだ。彼こそがDo The Right Thing を実践していたからだ。

アメリカに無視された声が実体化していく

黒人の歴史という文脈、ヒップホップという文脈、人々の感情や願いが、ラッパーの言葉として鳴り響く

2020年5月、ミネソタで黒人のジョージ・フロイドを白人警官デレク・ショービンが手錠をかけた状態で約9分間、膝で首を地面に押さえつけた。フロイドは途中で意識を失い、病院に搬送されるも死亡。この動画がネットで拡散されるやいなや全米で人種差別に抗議する人々が溢れかえり、各地のデモが暴動に発展していく。ショービンは最初解雇されたにすぎなかったが、のちに第2級、第3級殺人罪で逮捕、起訴された。それでも抗議の声は収まらず、そこにトランプ大統領が抗議する市民をただの暴徒扱いした上で暴力を煽るツイートをして混乱はさらに増大していく。

この問題の根は深い。1950年代半ばから60年代半ばの公民権運動からどれだけ時間が経ってもアメリカ社会の根底に流れる人種差別問題は解決しない。

Black Lives Matter

1991年のロドニー・キング事件は暴動にまで発展した。黒人大統領オバマの誕生以降もなお、2012年のトレイボン・マーティン射殺事件、2014年のマイケル・ブラウン射殺事件、エリック・ガーナー窒息死事件と悲劇的な事件は続く。#BlackLivesMatter は、こうした背景のもと、ネット上でシェアされていった。黒人の命というテーマは、アメリカでそれだけ根が深く、命はみな平等というお題目の前提条件すら未だ満たしていないのだ。

『ゲット・アウト』や『フルートベール駅で』のような映画作品が作られ、説得力を持ち、過去を題材にした『グリーンブック』や『デトロイト』『ブラック・クランズマン』といった作品もまた、現代社会に向けての強烈なメッセージを内包している。ヒップホップは今では世界中のポップカルチャーを席巻しているが、そのなかでよく見られる米黒人アーティストたちの過度に物欲まみれに見える振る舞いは、社会状況を反転させた表現でもあり、それこそチャイルディッシュ・ガンビーノが歌った「ディス・イズ・アメリカ」なのである。ミネソタの事件のあと、世界中でシェアされた12歳のキードロン・ブライアントは「ただ生きたいんだ」と歌っていた。

ジョージ・フロイドはラッパーでもあった。彼は Big Floyd 名義で90年代後半、テキサスはヒューストンを拠点として活動していたＤＪスクリューの一派であったのだ。ＤＪスクリューは、チョップド＆スクリュードという独特な楽曲アレンジの生みの親である。これは簡単に言えば、曲のＢＰＭ（テンポ）を極端に落として再生するもので２０００年代にわたってヒップホップの一つのブームにもなっている。実は一種のドラッグミュージックでもあり、コデインという咳止め用オピオイドを摂取した状態で聴くときに〝ちょうどよい感じ〟に聴こえるように編集されている。そしてＤＪ スクリュー本人もコデイン依存がもとで他界している。

僕は、彼らの音楽が好きでよく聴いていた。今回、惨劇の犠牲者となったフロイドがヒップホップのビートの上で生き生きとラップしていたことを知り、胸が苦しくなった。抗議デモが暴動のような形に発展し、全米各地で夜間外出禁止や非常事態宣言が出されるようになる。デモの一部が警官と衝突し、商店に押し入って強奪行為を働く人も出てきた。

マーティン・ルーサー・キング牧師は、「Riotとはアメリカに無視された声が実体化したものだ」と言っている。破壊行為や強奪行為の背景には無言の、というより無視され続けてきた感情が蓄積しているという指摘だ。

社会という枠が自明の人は気づかないが、まさにその枠によって圧迫されている人たちの声なき声。そんななか、声こそが武器であるラッパーの一人のスピーチが流れた。フロイドと同じラッパーである。

キラー・マイクはアトランタを中心に活動するラッパーで、今は白人のラッパーであるエル・Pとのユニット、ラン・ザ・ジュエルズとしての活動でも人気だ。社会性とユーモアを併せ持った切り口で展開する「キラー・マイクのきわどいニュース」というショーは、Netflixで観ることが出来る。アトランタ市長の記者会見に登場した彼は、左右に市長と警察署長が立っている前で語り始めた。

「私の父も警官だ。従兄弟にもいる。警察には愛と敬意を持っている。そして1940年代のオリジナル・エイト、アトランタ市警最初の8人の黒人警官が、一緒に着替えるのを嫌がる白人の同僚のために更衣室を分けられていたころからの歴史も知っている。そこから80年が経って、白人の警官が黒人の首に膝を乗せて殺害したのを見た。私は怒り狂った。もう黒人が殺されることにうんざりなんだ。世界が燃えちまってもよいと思った。あの白人警官は何事もないように9分にわたって膝を人の首に押し付けていた。ライオンのアゴの下のしまうまのように人が死んだんだ。子供たちが感情に火をつけて暴れているのは、彼らにはどうしてよいかわからないからだ。だから、これは私たち大人の責任なんだ。私たちが責任を持って物事をよい方向に持っていかなければならない。私たちは一人の警官が起訴されて終わりになることは望んでいない。あの場にいた4人の警官全員起訴されて司法の裁きを受けることを望んでいる。私たちはターゲット（大型チェーン店の名前と標的の意）が燃えるのは望んでいない。構造的な人種差別を生み出しているシステムそのものが地面に燃え落ちることを望んでいるんだ。私たちの義務は敵への怒りに任せて我々自身の家（コミュニティ）を燃やさないようにすることだ。私たちのコミュニティは逃れてきた人たちの居場所にもなるし、明確に、戦略的に、計画的に組織化してシステムを変えるための基礎になる」

ざっと意訳した内容だが、これを彼独特のリズム感と口調で語ったのだ。素晴らしかった。彼はCNNのメディア報道にも触れ、恐怖と憎悪だけを垂れ流すのをやめてほしいと訴え、抗議デモに対しても「壁を壊しただけでよかった。あの白人警官がしたように息子から父親を奪い、母親から息子を奪うようなことがなくてよかった」と時折感情的に見えながらも必要なことを必要な言葉で述べていく。ラッパーの仕事だ。

この件に関してはオバマ元大統領も声明を出している。「コロナ禍が過ぎて『ノ

Black Lives Matter

アメリカに無視された声が実体化していく

ーマル』に戻ろうという声を聞くが、人種差別による悲劇的な殺人が起こるような事態はノーマルではない」と。自分たちが住む社会をどういうものにしていくのか？　声、声、声。先述したRiotが無視された声の実体化という指摘を象徴する光景が、ブラックライヴズマターのデモの現場でも見られた。そこではポップ・スモークというニューヨーク、ブルックリン出身のラッパーのヒット曲「Dior」の一節が参加者によって歌われていた。

ポップ・スモークは、2020年2月に銃撃され死亡している（犯人不明）。年齢はまだ20歳で今後が大いに期待されていた。彼の曲「Dior」はそもそもセルフボースト、つまり自分を誇示する内容の曲でいわゆるプロテストソングではない。その曲の一節、「Christian Dior, Dior/I'm up in all the stores」がデモの現場で連呼されたのだ。

ここで大事なのは、言葉はただの箱であり、大事なのは中身だという点だ。ポップ・スモークはアメリカの歪な社会構造のなかで若き黒人として成功を摑み、さらに上を目指しているなかで死んでいった。そんな彼の生き様によってパワーを得た多くのデモ参加者の感情が彼のラップした言葉という箱のなかに詰め込まれている。

声が実体化し、ポップ・スモークのラップがその受け皿になった。そして彼が亡きあとも彼のラップは再生され続けていく。言葉は常に文脈

に依存する。脈々と波打つ黒人の歴史という文脈、ヒップホップという文脈と人々の感情や願いが実体化したものがキラー・マイクやポップ・スモークの言葉として鳴り響いている。

２０２１年４月、ショービンに有罪判決が下る。これは実に驚くべき判決だった。その直後にアカデミー賞を受賞するNetflix のオリジナル映画『隔たる世界の２人』は、ジョージ・フロイド殺害に至る苦難の歴史をループする日常として描いている。主人公の若き黒人デザイナーは朝、ナンパした女の子の部屋で目が覚める。そこから犬のいる家に帰ろうと出かけるが白人警官に絡まれ殺されてしまう。チョークをかけられ「息が出来ない」と言いながら窒息死させられるのだ。ところが死んだあと、彼はまた女の子の部屋で目覚める。そして出かけるとまた白人警官に絡まれ、違った対応を試みても殺されてしまい、そしてまた同じ部屋で目覚めるのだ。彼が殺されるループは延々と続く。

作品のエンドクレジットで警官の暴力によって殺されてきた多くの黒人の名前が並ぶ。公民権運動で人種平等を訴えてから今に至るまでループは続いている。だが、２０２１年、ショービンに有罪判決が下された。

『隔たる世界の２人』のメインテーマ、ブルース・ホーンズビー＆ザ・レインジの「The Way It Is」は、公民権運動を歌っている。この曲は１９９８年発表の２パック「Changes」で引用されて当時の若者のアンセムとなった。ここに『隔たる世界の2人』の原題である「Two Distant Strangers」がラップで登場する。そして2020年、ポロGによってさらに引用されて「Wishing For A Hero」としてBLMの時代背景が歌われている。**曲もループしながら、パワーを得て変化への兆しを見せる。ループを抜け出すため、ループするたびに強くなる。**

ラッパーたちはストリートの、街の、コミュニティの視点をビートに乗せ、ラッパーの言動や行動もまた、ストリートから、街から、コミュニティから見られている

2018年、ロサンゼルス、コンプトン出身のラッパー、ケンドリック・ラマーのアルバム「DAMN.」がピューリッツァー賞を受賞した。現代のアフロアメリカンの生活の複雑さを巧みに捉えた描写が、リアルにダイナミックなビートの上でなされているという受賞理由だ。「DAMN.」は善と悪というテーマのもと、ケンドリック自身が成功したアーティストとしての自分がいかに作られたか？　を多角的に分析し、自らの存在の前提が社会や周囲の環境、歴史にあることを確認するような作品だ。

さらにユニークなのは、自分が曲を作って終わりではなく、それを受容するリスナーの視点も想定していることだ。彼は本作の曲順を逆にしたバージョンも発

表していて、そこから浮かび上がる印象の違いから自らの作品の相対化、抽象化をリスナーに求めている。

これはかつてプリンスがアルバム「Lovesexy」で収録曲を分けずに一曲として聴くよう求めたことと併せて考えると興味深い。表現を受容する前提への考察だ。自分の前提を問う作品を通して、リスナー自身の前提も問われる体験。お前は誰だ？　どこにいる？　という問いに僕はヒップホップを感じる。

ケンドリックは同時期にマーベル映画『ブラックパンサー』のサントラも手掛けている。これも〝アメリカン〟コミックという舞台におけるアメリカの前提を問い直す作品である。この作品ののち、アベンジャーズのエンドゲームを経て、アメリカを体現する存在のキャプテン・アメリカが作品世界においてどう変化したか？　は『ファルコン&ウィンター・ソルジャー』をぜひ見ていただきたいが、前提を問う局面でヒップホップが鳴り響く理由はなんなのか？

１９８０年にタニヤ〝スウィート・ティー〟ウィンリーがリリースした「ヴィシャス・ラップ」はごく初期のラップレコードだ。パーティーラップではあるが、女性であるタニヤがヒップホップでパーティーする理由は、自分たちに一顧だにしない政府に自分たちが何者なのかわからせてやるためだった。サイレンが鳴り響くファンキーなビートの上から垣間見える〝視線〟は、自分たちがパーティーする社会そのものにも向けられている。

1982年、グランドマスター・フラッシュ＆ザ・フューリアス・ファイヴがリリースした「ザ・メッセージ」でついにラップは、パーティー会場から外に出てニューヨークのブロンクスという街自体を語るようになる。グループのラッパー、メリー・メルは力強くラップする。そこら中に割れたガラス片が散らばり、小便くさい階段。臭いも騒音もたまったもんじゃない。そんな街でギリギリ正気を保って生きている。まるでジャングルにいるみたいな気分さ。それは紛れもなくブロンクスを生きるマイノリティ、黒人の若者から見えるニューヨークであり、社会だ。こうした光景がビートの上で描かれた瞬間にラップの可能性は一気に広がっていく。**この曲のヒットは革命的で、これによってDJによって始まったヒップホップという文化の主役にラッパーが踊りでることになる。そしてラッパーは次々と自分たちから見える社会をビートの上に描き出していく。**そこには自ずとジャーナリスティックな意識が芽生える。

パブリック・エナミーは自分たちのことを〝黒いCNN〟と呼び、それまでのマジョリティ中心の視点で報じられるニュースを「虚偽のメディア、そんなものは必要ない」と切り捨てた。**ラッパーはミュージシャンであり、表現者だ。ジャーナリスティックな視点がビートに乗ることで表現力も飛躍的に拡大し、自分たちの状況を詩的に掴み取るボキャブラリーが次々と誕生していく。**ラッパーがジャーナリスティックな視点や詩的な表現を展開したことにより、多くの記者やライター（彼らはヒップホップリスナーでもある）にも影響を与える。

1982年スティーヴン・ヘイガーが、アフリカ・バンバータについて書いた「ヴィレッジ・ボイス」誌のコラムが、ヒップホップという言葉が初めて記載された記事だと言われている。そこからグレッグ・テイトやネルソン・ジョージといった書き手が次々現れ、呼応するように「ソース」「ヴァイブ」「XXL」や「ラップ・ページ」といったヒップホップ専門誌が誕生し、ヒップホップの視点が文章としても世界中で記載されていく。批評家のマイルス・マーシャル・ルイスは、これをギンズバーグやケルアックらビート・ジェネレーションの新たなバージョンだと言った。まさにヒップホップのビートに導かれた世代だ。

「ソース」誌は1988年にハーバード大学のデイヴィッド・メイズが友人のジョナサン・シェクターやジェームズ・バーナード、エド・ヤングと始めたもので、当時、彼らのような若者もヒップホップのムーヴメントに大いに感化されていた。彼らの同級生仲間にはのちのアメリカ大統領、バラク・オバマもいた。オバマがヒップホップ世代の大統領と呼ばれる理由の一つだ。「ソース」誌のマイクの本数を使ったアルバム批評（5本が最高。ナズの「illmatic」のマイク5本レビューは最も有名なアルバム評と言われる）や新人紹介のコーナー（ノトーリアスB・I・Gやエミネムもここで紹介）はその後のヒップホップ全体にも大きな影響を与えている。

ラッパーたちがビートの上に街を描き、同時に街のリズム自体がヒップホップのビートにも影響していく。街と街のリズムは常に双方向だ。ニューヨークでもブロンクスとクイーンズ、あるいはロングアイランドでも街のリズムは異なり、それはロサンゼルス、ヴァレーホ、デトロイト、シカゴ、アトランタ、ヒューストン、マイアミではさらに大きく異なる。こうした街のリズムがヒップホップのビート、サウンドプロダクションに影響することで音楽そのものがある立場と視点を提供するようになる。

僕は東京に関しては、１９９０年代という時代に限定した上でＤＪクラッシュのサウンドこそが東京の地下道や裏道を体現していたと思っている。自身名義の作品や映画『JUNK FOOD』（１９９８年、山本政志監督）やドラマ「サイコメトラーＥＩＪＩ」におけるＤＪクラッシュの音は紛れもなく東京サウンドだったと思う。２０２１年、東京からどんな音がするか？　僕は残念なことに街から特有のリズムは聞こえない。それは東京が巨大化しすぎたのか？　それともリズム（脈拍）がない、生命力のない街になったのか？

ヒップホップを語る言葉はインターネットの登場でそれこそ世界中に溢れている。ブログや研究論文や動画も多く存在する。

２０１８年、ニューヨーク・プレス・クラブ・ジャーナリズム賞を受賞した

「ニュースビート」というポッドキャストはホストのマニー・フェイスがさまざまな知識人や思想家、活動家を招くインタビュー番組だ。この番組ではエピソードごとにラッパーがテーマに沿ったオリジナルの歌詞を提供したサウンドを流している。ラッパーの視点の意味を前提にした番組作りだ。僕が一時期ホストを務めた「NEWS RAP JAPAN」という番組ではラッパーによるニューストピッククラップとテーマごとにディベートスタイルを取るニュースラップバトルというコーナーを設けて非常に刺激的な場面を多く作れた。番組は惜しくも終了したがYouTubeには編集版がいくつか上がっているので見てほしい。ケンドリック・ラマーのピューリッツァー賞、チャイルディッシュ・ガンビーノの「ディス・イズ・アメリカ」。

今もラッパーたちはストリートの、街の、コミュニティの視点をビートに乗せているし、ラッパーの言動や行動もまたストリートから、街から、コミュニティから見られている。こうした視点が社会の、世界の解像度を上げているのだ。

ジタバタしたって仕方ない。生きているこの瞬間をしっかり捕まえろ。生きているときは死んでいないのだから

僕は33歳で脳梗塞で倒れた。このときは深夜にMCをする仕事によって一命を取り留めた。

普通に寝ていたら朝、冷たくなって発見されていただろう。40歳でこのまま何もしなければあと5年で死ぬ可能性があると言われた。そして実際に43歳のときはアシドーシスという病気で救急搬送され、集中治療病棟に運び込まれた。その日のうちに処置していなければ死んでいた可能性があった。実は20代後半にも早朝、雨の東北自動車道を運転中、川口ジャンクションに猛スピードで突っ込んでしまい曲がりきれずに壁に衝突している。このときは衝突の直前に本当に時間がゆっくり流れる感覚が生じて、それまでのさまざまな思い出が脳内に浮かんできた。衝突した反動で車は反対側の壁まで飛ばされ、もう一度衝突して停車した

Ready to Die

が、幸い僕も同乗者も怪我はなかった。車の全面部は両側が潰れて鉛筆みたいになっていた。ちなみにこの日の午後にはライブでステージに上がっている。

このように僕は割と死とはギリギリの付き合いを続けている。40歳で「放っておけばあと5年」と告げられたときの気持ちは「5years」という曲で歌っている。ア・トライブ・コールド・クエストのラッパー、ファイフは、腎不全で45歳で他界している。彼は自身のことをFunky Diabetics、ファンキーな糖尿病患者とラップしている。世界中のファンから愛されていたが旅立ってしまった。

愛、あるいは憎しみとは関係なく死はやってくる。頭上に命のローソクを灯していて、それが消えてしまうのが怖くて息を止めている。ところが、息を止めていても死んでしまうのだ。5年というタイムリミットを提示されたときに気づいたのは、明日、交通事故に遭う人よりも時間があるということと、誰が明日、交通事故に遭わないと言えるのか？　ということだ。川口ジャンクションに全速力で突っ込む予定は、あの日の僕にはなかったし、それで無傷で帰って来られたことにも明確な理由はない。ただ、突然自分の生命は終わってしまっていたかもしれないのだ。

人一倍健康に気を遣っている人もひたすら不摂生な人にも突然死はやってくるし、なかなかやってこないこともある。これは当たり前で、**全ての生命体は**

いずれ死ぬ。死を生命から切り離すことは出来ないし、逃げようが、愛想を振り撒こうが、祈ろうが、呪おうが、死は変わらずにすぐそこにいる。僕は何度か死にそうになることで、ようやくその当たり前に気づくことが出来た。**一瞬でも自らの死に触れることで、隣にずっと死神がいることがわかった。**

じゃあ、どうせいるなら友達にでもなってみるか。ところが、何を話しかけても応答はない。そういう奴なのだ。理解しようと試みてもわからない。そういう奴なのだ。これが人を不安にさせるわけだが、それは理解出来るはずなのに出来ない、と思うからだ。ただ**理解出来ない、コミュニケーションが取れない、わからないものが常に隣にいる。わからないがいることをわかる。理由の範疇の外側があることをわかる。この境地に至って初めて死と友達になれるのだ。わからないをわかるということを教えてくれる友達だ。**

そして、そのときが来たら、はい、それまでよ、で連れていかれてしまう。5年なんてわかりやすいタイムリミットではない。常に隣にいる。それに気づいて初めて Ready to Die という覚悟で生きることが出来る。**ジタバタしたって仕方ない。むしろ生きているこの瞬間をしっかり捕まえて味わい尽くす。生きているときは即ち死んでいないからだ。**

僕は今、毎日が大変に充実している。定期的に通院し、体調もなんとか維持している。話したい人がいたら話す、会いたい人がいたら会う。先延ばしはしない。その一瞬を逃したらどうなるかわからないから。休みたいときは休む。遊びたいときは遊ぶ。失敗するときも多いが、その失敗という体験を存分に味わう。するとーつーつの出来事にいちいち驚いたり、喜んだり、悲しんだり、あるいは怒ったりするようになる。空が晴れても、猫が鳴いても、子供が走っても、夕日が昇っても全ては貴重な一瞬の出来事であり、それを捕まえることが出来てよかったなあと思えるわけだ。その一瞬一瞬の積み重ねの先にいるかもしれない、５年後の自分に会いに行こう。

２０１８年の雪の日、僕は代々幡斎場にいた。ラッパーＥＣＤの葬式だ。生前、話す機会は少なかった。僕が主催するイベントでライブをしてもらったとき、マイクを通じてエールをくれた。あとは家族で反原発デモに参加したとき、ちょうどＥＣＤ一家と一緒になり、少しだけ会話した。斎場には多くの人が集まり、悲しみが、言葉が溢れて舞っていた。僕は列に並び、自分の順番が来たら横たわるＥＣＤの前にいた。彼は無言だったが雄弁だった。このときの感覚は実に不思議だった。目を瞑《つむ》り、口を閉ざしたＥＣＤは、しかし、実にはっきりと僕に語りかけていた。

「大丈夫だ。お前は僕を再生してくれるだろ」

僕は驚いて彼の顔を見た。そして一礼したら足早に斎場をあとにした。頭のなかにはすでに歌詞が降りてきていた。その数日後、浅草でバンド、ベーソンズのライブがあった。僕はワンフレーズだけをバンドに伝えていたが、あとは何も決めずにステージ上で歌い始めた。

「雪が降るといいことがある」。言葉は勝手に流れ始めた。これが「ラッパーの葬式」という曲になった。ライブではよく演奏する。いつも即興で歌うがテーマは決まっている。英語だとplay、play、遊んでるだけだろ？　俺たちはいつだって再生する。再生させるんだ。

レコードを再生しろ、CDを再生しろ、DVDを再生しろ、記憶を再生しろ。マイケル・ジャクソンを再生しろ、江戸アケミを再生しろ、志村けんを再生しろ、大杉漣を再生しろ、デヴ・ラージを再生しろ、マキ・ザ・マジックを再生しろ、再生しろ、再生しろ……ECDを再生しろ！

あの日、変わらず無口だったECDははっきりと僕に教えてくれた。再生しろ、そしてお前を再生してくれる仲間を、友達を作れ。そうすれば大丈夫だ。

「Ready to Die」は24歳で暗殺されたラッパー、ノトーリアス・B・I・Gの傑作デビューアルバムだ。今でも再生すれば彼の見事な、生き生きとした粋なラップが聞こえてくる。死ぬ覚悟が出来ているからこそ、一瞬一瞬を大事に生きることが出来る。その一瞬一瞬の煌《きら》めきをともに過ごす仲間が、友達がいれば、その

Ready to Die

死と再生を前提として生きる

仲間たちが再生してくれる。記憶や記録を再生してくれる。死を前提として生きる先にはその生の瞬間をともにしてくれた仲間による再生がある。

全ては流れであり、そして輪である。人はフロウし、そしてサイファーに導かれる。ブレイクビーツはあらゆる欲望とともに繰り返され、その都度新たな瞬間を生み出し、再生へのきっかけとなる。サイファーを構成する仲間たちもまたそれぞれに再生されるようになり、やがてはその輪っかもまた流れていく。

社会が数字のなかに閉じこもる前に、子供たちの教えに耳を傾けよう。子供たちが踊り、笑い、弾けて、世界の外側を教えてくれる

なんのために生きるのか？　人生設計を立てて目標に向かって邁進《まいしん》する。非常にエネルギッシュでポジティヴに語られることも多いだろう。だが、こうした態度はすぐに利己的な行動の理由づけにもなってしまう。目標が数値化されるとより明確にシステマチックに利己的に行動するようになる。

しばしば目標を自己設定することは、よきこととして奨励される。そして現在は、数字で溢れている。目標金額、目標のいいね数、目標の再生回数、目標の距離、目標の体重……新自由主義的な勝ち負けゲームが世界中で行われる背景には、数値という軸がある。数値を巡って人は優劣を判断し、自らの行動の達成率（これも数値だ）を判断する。自分で決めた数値に向かって自分で進むという閉じた構造ごと、数値のなかに閉じ込められていく。

Be a Father to Your Child

気にしないという態度を取る素振りは可能だが、まさにそのときも気温が何度なのか？　は体感ではなく数値で把握し、何時何分に電車が発車したから何分ホームで待つということも体感ではなく数値で考えている。

テクノロジーは数値の計算によって進化している。テクノロジーで固められた世界は数値の世界でもある。映画『マトリックス』のコードで描かれる世界は、まさにビジュアルとして正解だったと言える。

こうして数値のなかに閉じ込められた状況から離脱するのは大変困難だが、いくつかの契機はある。一つは時間を忘れる、という感覚だ。**何かに熱中して気づけば何時間も経っているという経験は、数値の外の世界に連れ出された証拠だ。**恋愛感情が最高潮に達しているときもそうだろう。人目も気にせずに愛し合う二人は数値の外側に出ている。大きな森や広大な海のなかにいるときも、ふとなんの負荷もかかっていない状態にいることに気づく。**本書で繰り返し述べてきたブレイクビーツによるループの感覚、ダンスフロアでアメーバになる感覚、言葉の箱が向こう側からやってくる感覚も全て外側を感じられるものだ。だが、こうした体験をまとめて教えてくれる存在が子供だ。**

僕は男性なので子供を産むという体験は出来ない。ボストンのラッパー、エド・オージー＆ダ・ブルドッグスに「Be a father to your child」という曲がある。扱っているテーマは若くして父親になった黒人男性の無責任な態度や行動を指摘しながら、その間違いを直し、「そして父になる」ことを促すものだ。本質的なのは、父親になることが自身の成長だと語っていることだ。

僕が外側に気づいた最大の契機は、父親になったことだと思っている。

僕は、「ちっとちゃん」という曲で自らの体験を歌っている。妻が長女を妊娠し、つわりを迎えたときは吐き気がひどく、枕元にバケツを用意した。お腹が膨らんでいき、産婦人科の医師の指示で毎日2時間以上歩くようになった。自然分娩での出産だったので産気づいて入院してから22時間。途中、同じ予定日だった方が入院している隣の部屋から産声が響いてきたのを二人で聞いて思わず笑顔になった。

僕はとにかく10ヶ月間を通してやることがなく、ただオロオロしながら手伝っているような邪魔しているような関わり方しか出来ていない。出産の日もただ横にいるだけ。そして病院側が妻に用意してくれたおにぎりを勝手に食べて怒られた。長女の小さな頭がこの世界にひょっこりと出てきたときの驚きはなんとも言い表せない。そしてポンっと出てきて大声で泣き出し看護師さんから女の子ですよ！　と言われながら自分の腕で抱いたときに何か圧倒的なものを感じると同時に、あまりにも軽い我が子に驚いた。生命を感じた。これは妻と我が子から教わった体験であり、自分で目標設定してそこに進む生き方のなかでは感じられないことでもあった。

次女の出産は今度は早かった。10ヶ月間何も出来ないのは一緒だ。いざ入院したあと、妻が落ち着いているので5歳の長女と二人で近所の定食屋に行きトンカツを食べてから児童館の工作室で遊んでいた。すると、急いで戻ってきてください！　と看護師さんから電話がかかってきた。長女と走って産院に戻ると、次女はもう飛び出す寸前だった。そして長女と二人で次女が頭からこの世界に降りてくる瞬間を見届けた。元気に泣いている次女の横で、長女が笑いながら泣いていた。

僕が脳梗塞で倒れたとき、長女は1歳半。脳梗塞患者4人の大部屋に入院していたが部屋は暗く、僕は最初誰とも挨拶すらしていなかった。ところが長女が見舞いに来るとニコニコしながら勝手に隣のベッドの患者さんのところに行ってしまう。すると向こうも、「こんにちは」と挨拶してくれる。そこから僕も挨拶が出来るようになった。これも小さな外側への導きだ。

このころ長女は10キロで、リハビリで10キロのダンベルを持ち上げて早く娘を抱っこしたいと思って頑張れた。長女は大きくなると、近所のさまざまな人と友達になっていた。長いこと互いに無関心だったお隣さんにも長女が最初に話しかけたことで、やがては荷物を預けたり留守番も頼まれるようになったし、野良猫に餌をあげるおばさんとも友達になっていて猫の餌を分け合うようになった。娘がどんどん開いていってくれたのだ。

子供は小さいときは数を数えられないし、周りの世界を数値で見たりもしない。ただ感じて喜んだり、驚いたり、泣いたりする。言葉を覚える過程では子供たちはやってくるさまざまなイメージや音を必死で捕まえて、それが表出してくる。

声を出すのがうれしいから何度も音を出す。次女はずっと「ら行」だけで話していた。「るりるりるらら」と言ってはケタケタ笑っていた。面白いことがあると何度でも笑う。**子供はループを楽しむことが出来る**のだ。毎回同じような新鮮さで楽しさで繰り返し繰り返し笑うことが出来る。もう何回目だ、と数値化することもない。

子供はただ走るだけで興奮し、飛んだり跳ねたりする。世界のリズムを感じている。タリブ・クウェリは「Joy」という曲で息子と娘の誕生を祝いながら「親は子供を無視するのに忙しくて、彼らが何を見せてくれているのかに気づかない」とラップしている。**ヒップホップが教えてくれることを本書ではいろいろと書いてきたが、子供たちは最初からそれを知っている**ようなものだ。**ヒップホップはそうした感覚のもとに再び連れて行ってくれるツール**でもある。

子供は親の所有物ではない。エド・オージーの曲ではまさに育児を放棄する父

Be a Father to Your Child

子供こそが希望

親たちが歌われているが、親が親であることを放棄したとしても、子供は世界に存在している。児童虐待のニュースを聞くたびに、本来はコントロール不可能な存在として世界の奔放さを教えてくれるはずの子供たちを、親が自分の所有物としてコントロールしようとしている悲しい事実に直面する。親が学べていない。親がクズなのだ。

　長女が僕の病室を訪れたときのその奔放さは、僕だけでなく病室にいる全ての人、看護師さんにも開かれていた。電車で見ず知らずの赤ん坊がこちらを見てくれるだけで僕の感覚は開かれていく。子供たちは、それぞれにそこにいるだけで教えてくれているのに大人はそれに気づかず、親は我が子をコントロール下に置こうとし、他人の子供に対しても感覚を閉ざしてしまう。

　社会化した〝社会人〟気取りの大人は自分が社会システムに組み込まれていることに気づかず、自らが社会システムにコントロールされながら周りをコントロールしようとして閉じていく。**子供は社会のなかにいながらにしてその外側の世界の存在を教えてくれている。その価値を社会が評価し、コミュニティとして育むことが出来るかどうかが未来への鍵**である。

　僕がかつてニューヨークのハーレムを訪れた際、理容室には黒人のたくさんの客が髪を切ってもらっていた。子連れで訪れた客も多いのだろう、店の外の通りには子供たちがたくさんいる。店が通り側に設置しているテレビからは地元ハーレムのラッパー、ジュエルズ・サンタナのミュージックビデオが流れていた。子供たちはビデオに合わせて踊ったり、エイ！　と掛け声を合わせたりしながら笑っている。このイメージをそれぞれの家庭などのディテールにあえて踏み込まずに見れば、ハーレムという街が子供を育んでいて、ハーレムの声であるラッパーが子供たちを育むビート、共通感覚を提供していた瞬間だと感じた。そして踊って笑う子供たちが、ハーレムとその外側に広がる世界を接続してくれているのだ。

最近の教育では、子供が小さいころから点数を目標とした数値のなかに放り込んでしまうし、計算して出産するデザイナーズベイビーは科学的にはすぐにでも達成可能だろう。生まれたときから数値化され社会化された子供は果たして僕らに世界を教えてくれるのだろうか？　**社会が数字のなかに閉じ切ってしまう前に揺さぶりをかけ、子供たちの教えに耳を貸す必要がある。子供たちが踊り、笑い、弾けて、世界を教えてくれる。そのためにもBring the beat!**

Be a Father to Your Child

子供こそが希望

おわりに

１９９７年3月10日。僕は午前中に本郷三丁目の東京大学に行き、自分が文２学部に合格していることを知った。その日の夜、高円寺のクラブ、ドルフィンで初めて人前でラップをした。曲は「16番地の殺戮現場」。物々しいタイトルだが、とにかくゴシックホラーな言葉で韻を踏んだだけの曲だ。でもこの日が、このステージが、その後の僕の人生を決めてしまう。東大合格ではなく、高円寺のクラブで歌った拙いラップから僕の人生は開けたのだ。僕は大学にはほぼ友達に会いに行くだけで、あとは夜な夜な都内のクラブでヒップホップの仲間を作って遊ぶようになる。実際、この高円寺のライブのあと話した真田とはのちにグループを組み、メジャーデビューをともにしたし、真田の同級生の庸平は今でも僕の作品のアートワークを手掛けてくれている。このころ、僕はヒップホップとは何か？

なんて考えたこともなかったし、とにかく日々体験する面白いことを乗りこなしていただけだ。でも振り返ってみればこの25年間で、大学はろくに通わず中退したものの、ヒップホップを通して本当に多くのことを学んでいた。それを本書を執筆することで再発見出来たのは自分にとってとても大きかった。

そのときはわからなかったことがあとになって遅れて意味をなすことはある。先日もなかなか勉強しない長女と話していてハッとなった。僕が言っている言葉は、僕が10歳のときに母に言われた言葉と寸分違わず同じだったのだ。ここでは言葉がループして、再び回ってきたときには再帰性を伴って意味が強くなっていた。これは35年越しのループだったが、こうしたループはさまざまな場面で起きていて、その都度そこに気づきが生じる。

高円寺のドルフィンで僕は初めてBring the beatして、ビートに飛び乗り、そこからループが始まった。初志貫徹とか初心を忘れないという言葉はずっと一貫した硬いイメージを伴うが、むしろさまざまな紆余曲折を経て頭に戻るループの方が正しいと思えてきた。

今回あらためてヒップホップを軸に思考を深めたことで、その紆余曲折を自分で追体験しながら、最初にマイクを持ってラップしたときに目の前で開かれた世界の前に再び立っている感覚を味わっている。

紆余曲折のなかを微に入り細に入り辿ればキリがないし、今回はそのなかで僕が体験した多くの失敗談などにも触れていない。こうした実録的な話はまた別の機会に書ければよいとも思う。また書きながら自分がいかに偏った視点でものを見てきたか、見ているか、その偏りそのものを考えることにもなった。本書では僕が体験した、僕が考えたヒップホップの一側面を紹介出来たにすぎないし、違った意見や考察も大いに有り得るだろう。それでもなお、世界とはそもそもどうなっているのか？　という大きな問いに対して向き合う「武器」を自分でちゃんと手にしていることはわかった。今はソロのラッパーとして、あるいはバンド、ベーソンズとして音楽活動をしつつ、さまざまなジャンルの人と話して知識を増やすことを心がけている。その際の武器、考え方の土台はヒップホップ。これが僕のヒップホップ哲学だ。本書を読んだ方の生き方にも何かしらの影響を与えられたならば幸いだ。

本書を書くにあたっては初めてのヒップホップレコードを買った神保町のディスクユニオンから今に至るあらゆる音楽、映画や本、初めてのライブから今に至るあらゆるライブやイベント、パーティーでの出会い、さまざまな制作現場での経験といったあらゆる紆余曲折が大きな助けになっている。１９９０年代の僕にヒップホップを教えてくれた先生として特筆したいのはYOU THE ROCK★さん、ライムスターの宇多丸さん、そして故デヴ・ラージさん。風営法に関する部分はCCCで一緒に活動した藤森弁護士に添削してもらった。問いの立て方と思考の進め方に関しては宮台真司さんの影響が本当に大きいと思う。本書の内容は書き下ろしに加えて、今まで発表した原稿をテーマに合わせて加筆、再構成したものを収録している。幻冬舎plusでの連載「礼はいらないよ」の担当編集でもある竹村優子さんが本書のテーマを提案してくれた。執筆にあたっては常にヒップホップ業界の外側の視点からの的確なアドバイスのもと、ブラッシュアップしてくれた。竹村さんが僕の考えをまとめ、更新する契機を都度与えてくれたおかげで本書が無事完成したと思う。植本一子さんの写真によって言葉という箱からこぼれゆくものが本に焼き付けられた。素晴らしい写真をありがとうございます。そして、鈴木成一さんの装丁で全てビシッとまとまりました。

最後に病身の僕を支えてくれる妻と娘たちに感謝を贈りたい。

武 器 と し て の ヒ ッ プ ホ ッ プ

2021年12月10日　第1刷発行

著者 ダースレイダー
発行人 見城 徹
編集人 菊地朱雅子
編集者 竹村優子

GENTOSHA 発行所 株式会社 幻冬舎
〒151-0051 東京都渋谷区千駄ヶ谷4-9-7
電話 03(5411)6211〈編集〉
03(5411)6222〈営業〉
振替 00120-8-767643

印刷・製本所 中央精版印刷株式会社

検印廃止

ISBN978-4-344-03885-1 C0095
幻冬舎ホームページアドレス https://www.gentosha.co.jp/
この本に関するご意見・ご感想をメールでお寄せいただく場合は、comment@gentosha.co.jpまで。

ダースレイダー

ラッパー・トラックメイカー。
1977年パリで生まれ、幼少期をロンドンで過ごす。
東京大学に入学するも、浪人の時期に目覚めたラップ活動に傾倒し中退。
2000年にMICADELICのメンバーとして本格デビューを果たし、注目を集める。
自身のMCバトルの大会主催や講演の他に、
日本のヒップホップでは初となる
制作まで全てアーティスト主導のインディーズ・レーベル
Da.Me.Recordsの設立など、若手ラッパーの育成にも尽力する。
2010年6月、イベントのMCの間に脳梗塞で倒れ、
さらに合併症で左目を失明するも、その後は眼帯をトレードマークに復帰。
現在はThe Bassonsのボーカルの他、司会業や執筆業と様々な分野で活躍。
著書に『MCバトル史から読み解く 日本語ラップ入門』
『ダースレイダー自伝 NO拘束』がある。

カバー・本文写真 植本一子
ブックデザイン 鈴木成一デザイン室
DTP 美創

本書は、「Go With The Flow」は、『やさしくなりたい01』、
「The Style」は、「JSA GROUP」ウェブサイトに掲載されたものを大幅に修正いたしました。
その他は書き下ろしですが、一部、
ブログ「一瞬一秒をFUNKしろ! ROCKしろ! 爆破しろ!」、
幻冬舎plus連載「礼はいらないよ」で論じたことを下敷きにしています。

「The Message」Grand Master Flash & The Furious Fire
「N.Y. State of Mind」Nas
「ONE NATION UNDER A GROOVE」FUNKADELIC
「P.S.K. What does it mean?」Schoolly D
「POTHOLES IN MY LAWN」DE LA SOUL
「RAPPER'S DELIGHT」SUGARHILL GANG
「Represent」Nas
「Sailin' da South」DJ SCREW
「Suicidal Thoughts」The Notorious B.I.G.
「THE BRIDGE」M.C. SHAN
「THE CHOICE IS YOURS」BLACK SHEEP
「THE LIGHT」COMMON
「The Rebel」Marley Marl feat. Tragedy
「The Way It Is」Bruce Hornsby & The Range
「THERE IT GO (THE WISTLE SONG)」JUELZ SANTANA
「This Is America」Childish Gambino
「THOT SHIT」MEGAN THEE STALLION
「Vato featuring B-Real」Snoop Dogg
「Vicious Rap」Tanya Sweet Tee Winley
「WALK THIS WAY」RUN DMC
「WAP feat. Megan Thee Stallion」Cardi B
「WE 'RE ALL IN THE SAME GANG」THE WEST COAST RAP ALL-STARS
「Wishing for a Hero」Polo-G
「ラッパーの葬式」THE BASSONS

参考文献

『ギャングスター・ラップの歴史』ソーレン・ベイカー／塚田桂子訳・解説／DU Books

『ケンドリック・ラマー 世界が熱狂する、ヒップホップの到達点』河出書房新社編集部編／河出書房新社

『THE BIG PAYBACK』DAN CHARNAS ／ NEW AMERICAN LIBRARY

『The Science of Rap』KRS-ONE 石山淳訳／ブルースインターアクションズ

『チェック・ザ・テクニーク』ブライアン・コールマン／小林雅明監訳／シンコーミュージック

『NAS イルマティック』マシュー・ガスタイガー／押野素子訳／スモール出版

『ヒップホップ・ジェネレーション』ジェフ・チャン／押野素子訳／リットーミュージック

『HIP HOP BEATS』S.H.フェルナンドJR. ／石山淳訳／ブルースインターアクションズ

参考楽曲

「5years」THE BASSONS

「6 in The Mornin'」ICE-T

「B-SIDE WINS AGAIN」PUBLIC ENEMY

「Bangin' On Wax」Bloods & Crips

「Be a father to your child」ED O.G & DA BULLDOGS

「Buggin' Out」A Tribe Called Quest

「Changes」2pac

「Cosmic Assassins feat. Mix Master Mike & Vinroc」DJ Q-Bert

「DIOR」POP SMOKE

「DNA.」Kendrick Lamar

「FIGHT THE POWER」PUBLIC ENEMY

「FUCK THA POLICE」N.W.A

「GET IT TOGETHER」BEASTIE BOYS

「GOOD TIMES」CHIC

「Higher Level」KRS-ONE

「Hoo! Ei! Ho!」President BPM

「HOT SEX」A TRIBE CALLED QUEST

「HUSSLE & MOTIVATE」NIPSEY HUSSLE

「IMPEACH THE PRESIDENT」THE HONEY DRIPPERS

「IT'S JUST BEGUN」JIMMY CASTOR BUNCH

「JAPANESE WILDSTYLE feat. SITE & NORIKIYO」DARTHREIDER

「Joy」Talib Kweli

「KEY OF LIFE」DARTHREIDER

「LA-DI-DA-DI feat. Slick Rick」DOUG E. FRESH & THE GET FRESH CREW

「Looking for the Perfect Beat」Afrika Bambaataa & Soul Sonic Force